Cuisine des 🍲 *familles*

La cuisine indienne

Cuisine des familles

La cuisine indienne

Vijay Acharya

Reportage photo

Florent de La Tullaye

Photographies des recettes

Valéry Guedes

Stylisme des recettes

Natacha Arnoult

LES ÉDITIONS DE L'HOMME

Les samoussas de Maevis p. 20

Le curry de gambas au lait de coco
de Trevor p. 50

Le kulfi aux pistaches
d'Amanda p. 70

Le curry de légumes d'Urban p. 82

Le raïta de concombre
de Rosilina p. 88

Le riz au lait à la cardamome
d'Edward p. 122

Sommaire

Mon restaurant est au centre de mon existence, avec mes enfants et mon mari, bien sûr. Je m'efforce de mettre la joie de vivre qui m'anime dans mes plats, afin d'enivrer l'odorat et le palais de nos clients. Cochin est la capitale indienne des épices, ce serait quand même un comble de ne pas en profiter ! Gingembre, poivre, cannelle, girofle, curcuma ou graines de moutarde enchantent toutes mes recettes. Ils attendent patiemment, dans de petits bols savamment alignés sur la table, que je m'en empare, par petites pincées, et en parsème les mets suivant mon expérience, au début ou à la fin des cuissons...

Maevis, **la mère**

La mer a toujours fait partie de la vie de mon mari. Marin, il a sillonné l'océan Indien en tous sens, de port en port, de comptoir en comptoir, et même jusqu'en Grèce. Depuis qu'il a ouvert ce restaurant avec moi, il s'intéresse davantage aux produits de la mer qu'à la hauteur des vagues. Poissons des estuaires et du large, crevettes, homards... Tout ce qui vient de la mer est bon, dans la cuisine de Trevor !

Trevor, **le père**

Edward, **le grand-père**

Le père de Trevor, Edward, était musicien dans la Navy. Ce mélange de rigueur et de sens artistique se retrouve jusque dans ses goûts culinaires : il aime les plats de sa région, confectionnés selon la tradition locale, mais il aime aussi, parfois, qu'on leur ajoute une note d'originalité... Il confie volontiers à sa petite-fille le soin de renouveler son poulet aux pistaches ou ses cuisses de canard en papillote. Il la regarde faire en plissant les yeux, l'air faussement inquiet... Mais il se régale toujours à la fin !

Amanda est une jeune fille sage et obéissante, qui partage son temps entre l'école et notre restaurant, où elle met souvent la main à la pâte : elle aussi veut être cuisinière, plus tard, dans un grand restaurant de Kochi ou de Goa, peut-être... À moins qu'elle n'ouvre son propre établissement... ou qu'elle ne reprenne un jour le nôtre ! En attendant, elle apprend et apporte sa touche personnelle à notre cuisine, qu'elle trouve toujours un peu trop traditionnelle... Elle, elle aime les saveurs acidulées, le citron vert, le tamarin... Et les épices, bien sûr ! Tout ce qui réveille les papilles, quoi !

Amanda, *la fille*

Urban a déjà son avis sur le monde : il est immense, il va au moins jusqu'à Madras ! Quand il sera grand, il passera moins de temps dans la cuisine que nous et sa soeur ! Bien sûr il aime manger, mais quel intérêt de préparer soi-même ses chapatis alors qu'on peut les acheter tout prêts, au coin de la rue pour quelques roupies seulement ?

Urban, *le fils*

Rosilina, *la grand-mère*

Rosilina a sillonné l'Inde au rythme des mutations d'Edward. De chaque région, elle a gardé le goût de ses épices et de ses produits. Elle est même allée jusqu'en Australie, invitée par sa soeur, qui s'y est installée. Pendant une semaine, elle a goûté à une cuisine moins riche en épices et en parfums, mais où la subtile saveur du beurre frais accommode une viande volontiers saignante. Cela ne lui a pas déplu, mais quand même, elle était contente de retrouver ses épices en rentrant à la maison.

Un éléphant au travail

À Kochi, capitale du Kerala, au Sud de l'Inde, la vie est plus simple et plus parfumée qu'ailleurs. Nous nous y sommes installés à la naissance des enfants, voilà déjà quinze ans. Après des années de navigation dans la marine marchande, Trevor a voulu fonder une famille, s'installer, mettre ses pieds au sec et toucher du doigt le sel de la terre. Nous avons monté un petit restaurant, qui accueille aussi bien les forces vives du quartier, toutes religions confondues, que les visiteurs étrangers aux papilles avides de saveurs purement indiennes. L'appartement à l'étage, le restaurant au rez-de-chaussée, notre vie s'est organisée autour de la cuisine, des épices, des viandes et des poissons. Un monde de saveurs, qui donne sa saveur au monde.

Les enfants devant le restaurant

Nous avons deux enfants, Urban, presque 7 ans, et Amanda, 15 ans, qui vont à l'école et nous aident au restaurant pendant leurs heures creuses. Notre maison date du XIXᵉ siècle. Elle est située dans le « quartier hollandais » de Cochin, ainsi appelé car les Hollandais l'ont occupé pendant de longues décennies. Ce sont ensuite les Portugais qui ont pris le relais, pendant quelques générations. Aujourd'hui, le quartier est tout à fait indien, même s'il est cosmopolite.

Nous sommes chrétiens et vivons en parfaite harmonie avec les autres populations de la ville : hindouistes, musulmans... Le Kerala est en effet l'une des régions de l'Inde où la tolérance est la plus grande. Tout le monde fête indifféremment Noël ou la fin du ramadan. La vie à Kochi est partiellement occidentalisée, mais les traditions indiennes restent prégnantes, et nous nous sentons indiens jusqu'au bout des ongles.

Tous les matins, Trevor va à la criée, pour s'y procurer des poissons frais. Ils frétillent encore dans les casiers, pétillants de vie et de parfums. Parfois, il emmène Urban avec lui, et il lui raconte ses voyages. Urban regarde la mer. « L'océan Indien », lui a-t-on dit – comme s'il pouvait avoir un autre nom ! Trevor lui a expliqué qu'il y a d'autres pays, tout au bout de la mer, mais Urban n'y croit qu'à moitié. Il a bien regardé, tout au bout de l'océan, en plissant les yeux pour voir très loin. Mais il n'y avait toujours que la mer !

Urban aura 7 ans demain. En Inde comme partout ailleurs, cela veut dire quelque chose ! Ses grands-parents, les parents de Trevor, viennent spécialement de Bhopal, au centre du pays, pour l'occasion. Ils font les 1 500 kilomètres (932 milles) qui les séparent de Kochi une ou deux fois par an, pour partager quelques jours avec nous. Car nous sommes une famille unie, à défaut d'être souvent réunie ! Urban attend ce moment depuis des semaines ! Pendant que sa sœur et moi-même nous activons à la cuisine, il ne peut détacher ses yeux de la fenêtre, scrutant le coin de la rue d'où débouchera la voiture de son père, en provenance de l'aéroport...

Amanda, au contraire, est tout à sa tâche. À seulement 15 ans, c'est déjà un mini-cordon bleu ! Pour ce jour particulier, elle prépare deux de ses spécialités, un *dhal* à la citronnelle, délicieusement acidulé, et une montagne de *puri*, ces galettes soufflées, croustillantes, qui sont aussi bonnes à grignoter à l'apéritif que pour remplacer les *chapati* pendant le repas.

Un travail à quatre mains

Pour l'occasion, le restaurant est fermé aujourd'hui ; je me consacre ainsi uniquement aux préparatifs de la fête. Les *samosa*, le *raita* à la menthe, le *byriani* d'agneau, sans oublier les *kheer* à la cardamome et au safran, préparés spécialement pour Edward... tout est prêt. Enfin, Edward et Rosilina arrivent, et Urban leur saute dans les bras. La famille est au complet ! Rosilina a au fond des yeux la lueur maligne des grands-parents qui adorent leurs petits-enfants. Elle était institutrice, et elle emmène toujours avec elle des livres merveilleux qu'elle lira avec eux. Son stock semble inépuisable, à croire qu'elle les écrit elle-même !

Edward et Rosilina ont apporté dans leurs bagages le cadeau d'anniversaire d'Urban, et ils ne peuvent résister longtemps avant de le lui donner ! C'est un ballon de football ! Urban est aux anges, il n'en a jamais vu un aussi beau ! À la vérité, il voudrait jouer au cricket mais... il est encore trop petit, et la batte est trop lourde pour lui !

Demain, ils seront une cinquantaine dans le restaurant à déguster les délicieux *mithai* préparés par Trevor. Ensuite, comme tous les soirs, le restaurant deviendra salle de spectacle pour laisser place au kathakali. C'est le théâtre dansé traditionnel du Kerala, où les acteurs, aux maquillages riches et colorés, jouent et dansent un drame mêlé d'épopée, à la lumière des lampes à huile et au son des percussions. Inévitablement, Urban se joindra aux acteurs et mimera à son tour les gestes, qu'il connaît par cœur, en fronçant les sourcils. Forcément, cela fera rire tout le monde...

La tablée familiale

Mais aujourd'hui, nous savourons notre intimité familiale... et le délicieux repas. Trevor, Amanda et moi apportons les plats sur la table. Rosilina et Edward s'emparent des bouchées du bout des doigts de leur main droite et les portent délicatement à leurs lèvres. Les rires fusent entre les plats, on a tant de choses à se raconter ! Puis chacun va se rincer la bouche et se laver les mains.

Urban est aux anges... Il a son ballon dans les bras ; il va dormir avec, c'est sûr !

Puis Edward sort son violon. Il ne se déplace pas sans le fidèle instrument qui l'a accompagné pendant toute sa carrière. Il aime surtout les grands composi- teurs européens : Mozart, Vivaldi... Mais en Inde, ce sont des noms qui ne parlent pas beaucoup aux gens... Alors il joue des airs tour à tour entraînants et mélancoliques, où les salons de musique de Vienne ou de Florence se mêlent aux traditions indiennes et aux mélopées du *Mahâbhârata*. Pendant ce temps, Trevor sirote son *tchaï* et garde celui de son père au chaud.

La vie est douce, au Kerala.

Les 6 ustensiles de la cuisine indienne

Sil et nora

Pour une quintessence des arômes

Indissociables des épices, ces ustensiles permettent de les broyer pour en faire une poudre plus ou moins fine, avant de l'incorporer aux plats. Il s'agit d'une pierre très plate (*sil*) et d'un lourd rouleau, en métal ou en pierre (*nora*), que l'on roule sur les épices en maîtrisant son mouvement. On peut aisément les remplacer par un mortier, suffisamment évasé pour permettre un écrasement méthodique, et un pilon. Il est également possible d'utiliser un petit moulin électrique (moulin à café), réservé à cet usage.

Passoire et étamine

Pour une texture parfaite

Le *paneer* est une préparation traditionnelle indienne, base de nombreuses recettes, faite à base de lait caillé, égoutté, puis pressé. C'est en fait une sorte de fromage frais, non fermenté, préparé artisanalement, que l'on fait ensuite frire ou qui entre dans la composition de nombreux plats ou desserts. Aujourd'hui, les Indiens l'achètent généralement prêt à l'emploi, mais, quand ils le font eux-mêmes, ils passent le lait caillé dans une passoire doublée d'une étamine (linge à larges mailles, réservé à cet usage), avant de le rincer à l'eau claire et de le laisser s'égoutter plusieurs heures.

Kharaï

Pour sauter et mijoter

Le *kharaï* est le « wok » indien, à rapprocher de la sauteuse occidentale. D'une large contenance, il permet de mener à bien les fritures, mais également de commencer la cuisson des épices avant d'ajouter les autres ingrédients des plats en sauce et de les laisser mijoter. Remplacez-le, suivant l'usage, par une friteuse, une sauteuse ou même une poêle. Les woks japonais conviennent moins bien à la cuisine indienne, qui se préoccupe moins de textures que de saveurs.

Tawa

Le secret des chapatis

La *tawa* est une sorte de grande crêpière très lourde, géné-ralement en fonte, servant à la cuisson des *chapati*, mais également des *dosa*, ces galettes à base de lentilles noires, typiques du sud de l'Inde. On l'amène à température idéale en plusieurs étapes, pour ne pas la fendre... Vous pouvez la remplacer par une grande poêle à fond épais ou antiadhésif, en sachant que vous aurez les mêmes difficultés que pour nos galettes bretonnes : pas facile de trouver la bonne tempéra-ture du premier coup !

Four ou casserole ?

Pour mijoter à la mode indienne

Le four reste peu répandu en Inde, où on lui préfère l'emploi de toutes sortes de casseroles permettant une cuisson lente et régulière. Le traditionnel four tandoori (ou *tandoor*), four en terre cuite originaire du Punjab, est utilisé dans une large moitié Nord de l'Inde, jusqu'à Bombay. Simplement enfoncé dans le sol ou encastré dans un carcan de briques réfractaires, il permet une cuisson à plus de 800 °C (1472 °F). Mais, en particulier dans les villes, il est désormais supplanté par les fours électriques ou à gaz.

Rouleau

Pour une pâte très fine

Le rouleau des cuisines indiennes, souvent plus long et plus fin que notre rouleau à pâtisserie occidental, sert essentiel-lement à abaisser les pâtes des pains indiens : *naan* ou *chapati*, quand ils ne sont pas achetés tout prêts. Mais ils servent également pour les *samosa* ou les *singhara*, si l'on choisit de préparer leur pâte soi-même plutôt que d'utiliser de la pâte à filo ou des feuilles de brick... Il s'agit alors d'abaisser la pâte très finement, sans la rompre et tout en lui gardant son élasticité, pour des bouchées délicates et goûteuses.

Les 6 ingrédients de la cuisine indienne

Le ghee

Plus aromatique qu'on ne croit !

Les Indiens cuisinent beaucoup au beurre, mais ils ne connaissent quasiment pas le beurre frais. Ils utilisent un beurre longuement clarifié sur feu doux, par évaporation du petit-lait, et qui se conserve ensuite des semaines sans s'altérer. Ce ghee, disponible en conserve, possède un goût assez fort, peut-être même trop pour les papilles européennes... On peut aisément le remplacer par du beurre (éventuellement clarifié pour l'empêcher de brûler), voire un mélange de beurre et d'huile végétale. Mais on trouve facilement du ghee en France, dans les épiceries exotiques.

Le yogourt

L'arbitre des saveurs

Le yogourt est particulièrement important dans la cuisine indienne, car il corrige les saveurs piquantes de ses innombrables épices. L'Ayurveda, une philosophie du corps et du bien-être, très présente en Inde, exige que chaque saveur (sucré, salé, amer, acide, mais aussi piquant et astringent) soit présente au sein du repas, et le yaourt est l'élément idéal pour les combiner avec harmonie. Pour remplacer les épais yogourts indiens, utilisez du yogourt au lait entier, éventuellement « à la grecque » ou brassés, mais menez toujours la cuisson à petit feu, pour l'empêcher de cailler.

Les lentilles

La base d'une alimentation

Il n'est pas de repas traditionnel indien sans plat à base de lentilles ou d'autres légumineuses (pois chiches, haricots...). Les lentilles existent en Inde sous de nombreuses variétés, différenciées par leur couleur : noires, jaunes, brunes, rouges... Paradoxalement, les seules qu'on n'y trouve guère sont celles que nous connaissons le mieux en France : pas de lentilles vertes en Inde ! Chaque variété de lentilles a son parfum, mais surtout sa consistance : ainsi, si les lentilles brunes gardent leur aspect à la cuisson, les lentilles noires se délitent rapidement, donnant un *dhal* aux allures de potage épais...

Les épices
Des parfums typiques

Les épices, qui caractérisent la cuisine indienne, sont disponibles entières (gousses de cardamome, clous de girofle, graines de coriandre, de moutarde, de fenouil ou de cumin, bâtons de cannelle, stigmates de safran, étoiles de badiane...) ou sous forme de poudre (curcuma, cumin, paprika...). L'ail, le gingembre et le piment (surtout dans le sud de l'Inde) leur sont indissociables.

Chaque Indien fait ses propres mélanges (« *masala* ») de ces épices grillées, en fonction des plats qu'il veut préparer. En France, il vaut mieux éviter les poudres « curry » du commerce (en revanche, les pâtes rouges ou vertes sont souvent de bonne qualité) et utiliser des épices entières, qui se conservent plus longtemps et parfument davantage. On peut toutefois recourir au *garam masala* (littéralement : « mélange chaud ») : ce mélange d'épices moulues, à parsemer sur le plat juste avant de le servir, est typiquement indien.

La noix et le lait de coco
Doux et suaves

La noix de coco est très présente dans le sud de l'Inde, alors qu'elle est quasiment inconnue au nord de Bombay. On l'utilise fraîche ou râpée, pour la réalisation de desserts, mais également de plats cuisinés à base de viande ou de légumes secs, comme le *sambhar*. Le traditionnel *dhal* s'accommode volontiers de coco, par exemple, et c'est ainsi que le préfère Urban. Le lait de coco, obtenu en faisant macérer de la noix de coco râpée dans de l'eau tiède, est également employé dans de nombreux plats en sauce, pour tempérer l'impétuosité des épices.

Le riz basmati
Le trésor national

L'Inde cultive des dizaines de variétés de riz, et les Indiens les mangent toutes, sans réelle préférence. C'est le centre de l'Inde qui produit le plus de riz, grâce à son climat et à la mousson. Mais c'est justement une région peu propice à sa culture qui a vu éclore le roi des riz, sur les contreforts de l'Himalaya : le riz basmati est le plus savoureux des riz indiens, et celui qui s'exporte le mieux. Il fait partie intégrante de certains plats cuisinés (la famille des *byriani*, par exemple) et se sert également en accompagnement de mets en sauce.

Maevis
La mère

Si j'étais... une couleur,

je serais le vert de la coriandre et de la menthe du jardin.
C'est la première chose que je vois le matin, en ouvrant la fenêtre.

Si j'étais... une odeur,

je serais celle du *garam masala*, parsemé sur les plats
juste avant de les servir. Incomparable !

Si j'étais... une saveur,

je serais celle de la cardamome ! Sa fraîcheur extrême transforme littéralement les plats,
je ne pourrais pas m'en passer !

Si j'étais... un ustensile,

je serais mes *sil* et *nora*, que j'utilise pour réduire les épices en poudre.
Patinés par le temps, ils font un peu partie de moi...

Si j'étais... un souvenir gourmand,

je serais le jour où j'ai connu Trevor ;
nous avons mangé des *samosa* dans un petit restaurant de la côte.
J'en ai encore le parfum sur les papilles...

Si j'étais... un péché mignon,

je serais la mangue ! Très juteuse, presque trop mûre, pour la croquer à pleines dents
et sentir le jus qui coule dans la bouche.

On peut préparer les samoussas avec une pâte « maison » (farine, ghee et eau), mais je les trouve plus fins et plus savoureux avec de la pâte à filo. Des feuilles de brick conviennent également.

Samoussas

samosa

Préparation : 25 minutes Cuisson : 20 minutes Pour 4 personnes

5 feuilles de pâte phyllo (ou de brick)
250 g (½ lb) de pommes de terre Bintje
1 c. à soupe de ghee (beurre clarifié)
2 jaunes d'œufs
1 piment oiseau
1 c. à café (1 c. à thé) de graines de cumin
ou ½ c. à café (½ c. à thé) de cumin moulu
1 c. à café (1 c. à thé) de graines
de coriandre ou ½ c. à café (1 c. à thé)
de coriandre moulue
1 c. à café (1 c. à thé) de graines
de moutarde ou 2 c. à café (2 c. à thé)
de moutarde à l'ancienne
1 c. à café (1 c. à thé) de curcuma
huile de tournesol
gros sel, sel fin, poivre

● Pelez les pommes de terre, puis coupez-les en dés. Faites-les cuire à l'eau bouillante salée, environ 10 minutes, puis égouttez-les. Écrasez-les grossière-ment à la fourchette, mélangez-les aux graines de moutarde.

● Faites chauffer le ghee dans une sauteuse. Ajoutez les graines de cumin, faites-les roussir 30 secondes pour exhaler leurs saveurs, puis ajoutez les pommes de terre écrasées et les graines de coriandre. Mélangez sur le feu, faites sauter à feu moyen 3 minutes en remuant de temps en temps. Hors du feu, ajoutez le piment oiseau épépiné et finement émincé et le curcuma. Salez et poivrez, mélangez.

● Découpez dans les feuilles de pâte à filo 10 cercles de 14 cm (5 ½ po) de diamètre environ. Coupez ces cercles en deux. Repliez ces demi-cercles sur eux-mêmes en collant leurs bords avec du jaune d'œuf battu, de manière à obtenir des cônes. Prenez-en un dans le creux de la main en l'ouvrant délicatement. Emplissez-le à moitié de préparation aux pommes de terre, puis refermez-le avec un peu de jaune d'œuf. Préparez ainsi 20 samoussas.

● Faites chauffer 2 cm (¾ po) d'huile de tournesol à 170 °C (340°F) dans une sau-teuse. Faites-y frire les samoussas par fournées successives, 20 à 30 secondes de chaque côté. Égouttez-les sur du papier absorbant.

Crabes à la mode de Bombay

mumbai chili kekra

Cette recette est l'une des spécialités du restaurant : on peut également la réaliser avec des crabes de terre, plus goûteux que les tourteaux, mais également plus difficiles à trouver.

- Portez à ébullition une grande marmite d'eau bouillante salée. Ajoutez le laurier, les clous de girofle et 2 gousses d'ail entières. Laissez bouillonner 2 minutes, puis jetez-y les tourteaux et laissez cuire 12 minutes environ.

- Pendant ce temps, pelez et hachez les 3 gousses d'ail restantes, pelez le gingembre et coupez-le en dés. Mettez ail et gingembre dans un mortier, écrasez-les au pilon (vous pouvez aussi utiliser un mixeur).

- Pelez et hachez finement l'oignon, épépinez et émincez le piment oiseau. Pressez le citron vert pour recueillir son jus. Ciselez finement la coriandre.

- Cassez les crabes par la face ventrale et extrayez la chair du corps et des pinces, en jetant tout ce qui n'est pas comestible (branchies, cartilages...). Lavez soigneusement les corps des tourteaux, pour obtenir deux coques vides.

- Faites chauffer le ghee dans une sauteuse, ajoutez les graines de cumin et de coriandre, laissez-les roussir 20 secondes, puis ajoutez la pâte d'ail et de gingembre et l'oignon haché. Faites suer 3 minutes sur le feu.

- Ajoutez la chair des crabes, le piment émincé et le jus de citron vert. Salez et poivrez. Faites cuire sur feu doux 5 minutes, puis coupez le feu. Incorporez la coriandre ciselée, la poudre d'amande et le garam masala. Mélangez.

- Répartissez cette préparation dans les deux carapaces de tourteaux et passez 2 minutes sous le gril du four. Servez immédiatement.

Préparation : 30 minutes

Cuisson : 25 minutes

Pour 4 personnes

2 beaux tourteaux vivants
1 oignon
5 gousses d'ail
1 morceau de gingembre de 5 cm (2 po) environ
1 citron vert
1 piment oiseau
1 c. à soupe de ghee (beurre clarifié)
1 c. à café (1 c. à thé) de graines de cumin ou ½ c. à café (½ c. à thé) de cumin moulu
2 c. à café (2 c. à thé) de graines de coriandre ou ½ c. à café (½ c. à thé) de coriandre moulue
2 c.s à soupe de poudre d'amande
2 feuilles de laurier
3 clous de girofle
1 bouquet de coriandre fraîche
1 c. à café (1 c. à thé) de garam masala
gros sel, sel fin

Masala d'œufs

anda masala

Dans le Kerala, il est courant de préparer les œufs de toutes les manières, exactement comme une viande ! Ici, ils sont cuits mollets, puis frits, avant d'être nappés d'une sauce masala pas trop relevée. Un des plats fétiches du restaurant…

Préparation : 25 minutes

Cuisson : 20 minutes

Pour 4 personnes

6 œufs
4 tomates
2 gros oignons
2 gousses d'ail
310 ml (1 ¼ tasse) de lait de coco
1 yogourt brassé
1 c. à soupe de ghee (beurre clarifié)
huile de tournesol
1 c. à café (1 c. à thé) de curcuma
5 gousses de cardamome
1 c. à café (1 c. à thé) de garam masala
2 brins de coriandre fraîche
sel, poivre

- Portez à ébullition une casserole d'eau et ébouillantez-y les tomates pendant 20 secondes. Ressortez-les avec une écumoire, rafraîchissez-les sous l'eau courante, puis pelez-les. Coupez-les en quatre, épépinez-les et détaillez-les en dés.

- Ouvrez les gousses de cardamome, récupérez leurs graines noires. Pelez et hachez les oignons et les gousses d'ail. Faites chauffer le ghee dans une sauteuse, ajoutez les oignons, l'ail et les graines de cardamome. Laissez suer 3 minutes en remuant de temps en temps. Ajoutez les dés de tomate, le curcuma, le lait de coco et le yogourt. Salez et poivrez. Baissez le feu au minimum et couvrez. Laissez mijoter 15 minutes.

- Pendant ce temps, déposez les œufs dans une casserole, couvrez-les d'eau à hauteur, portez à frémissement et laissez cuire 7 minutes. Rafraîchissez-les sous l'eau courante et écalez-les.

- Rincez et séchez la casserole, chauffer 3 cm (1 ¼ po) d'huile de tournesol à 160 °C (325 °F) (un brin de persil doit commencer à y frire en 4 secondes environ). Déposez les œufs dans l'huile chaude et les frire en les retournant plusieurs fois (comptez 20 secondes). Épongez les œufs frits sur une feuille de papier absorbant.

- Coupez les œufs frits en deux, puis ajoutez-les dans la sauce. Poursuivez la cuisson 3 minutes. Saupoudrez de garam masala et parsemez de coriandre ciselée avant de servir.

La préparation « vindaloo » est héritée des colons européens qui s'installèrent ici et y laissèrent des habitudes. Aujourd'hui, elle est spécifique du Kerala et du sud de l'Inde, et nous l'avons largement intégrée dans notre tradition culinaire !

Agneau vindaloo aux abricots

khoomani josh

Préparation : 20 minutes Cuisson : 50 minutes Pour 4 personnes

620 g (1 ¼ lb) d'épaule d'agneau
3 tomates
2 oignons
3 gousses d'ail
8 abricots séchés
1 morceau de gingembre de 5 cm (2 po) environ
2 c. à soupe de ghee (beurre clarifié)
2 c. à soupe de vinaigre de vin blanc
3 c. à soupe de cassonade
3 gousses de cardamome
1 c. à café (1 c. à thé) de graines de cumin ou ½ c. à café (½ c. thé) de cumin en poudre
1 c. à café (1 c. à thé) de garam masala
sel, poivre

● Portez à ébullition une casserole d'eau et ébouillantez-y les tomates pendant 20 secondes. Ressortez-les avec une écumoire, rafraîchissez-les sous l'eau courante, puis pelez-les. Coupez-les en quatre, épépinez-les et détaillez-les en dés.

● Pelez et hachez les gousses d'ail, pelez le gingembre et coupez-le en dés. Ouvrez les gousses de cardamome, récupérez leurs graines noires. Mettez ail, gingembre et graines de cardamome dans un mortier, écrasez-les au pilon (vous pouvez aussi utiliser un mixeur).

● Pelez les oignons, puis émincez-les en rondelles. Détaillez la viande d'agneau en cubes ; salez-les et poivrez-les.

● Faites chauffer 1 c. à soupe de ghee dans une sauteuse et faites-y revenir les cubes d'agneau pour les dorer de tous côtés. Réservez-les.

● Faites chauffer le reste de ghee dans la sauteuse. Ajoutez les graines de cumin, laissez roussir 20 secondes, puis ajoutez les rondelles d'oignon et faites suer 2 minutes.

● Ajoutez la pâte d'épices, mélangez sur le feu. Remettez l'agneau et ajoutez les dés de tomate, le vinaigre, la cassonade et les abricots séchés. Mouillez de 175 ml (¾ tasse) d'eau, baissez le feu au minimum et couvrez. Laissez mijoter 40 minutes.

● En fin de cuisson, saupoudrez de garam masala.

Je prépare cette recette suivant la méthode traditionnelle, dans des feuilles de bananier, pour davantage de saveur encore, mais elle sera également excellente si vous utilisez du papier sulfurisé.

Papillotes de cabillaud à la noix de coco

macchli nariyal

Préparation : 20 minutes   Cuisson : 20 minutes   Pour 4 personnes

4 portions de cabillaud de 180 g
(6 oz) chacune environ
½ noix de coco
3 gousses d'ail
2 piments oiseaux
1 citron vert non traité
2 c. à soupe de ghee (beurre clarifié)
2 c. à café (2 c. à thé) de graines
de cumin ou 1 c. à café (1 c. à thé)
de cumin en poudre
½ bouquet de coriandre
sel, poivre

• Faites chauffer 1 c. à soupe de ghee dans une poêle. Salez et poivrez les portions de cabillaud, puis faites-les dorer dans le ghee, 1 minute de chaque côté. Réservez-les.

• Pelez et hachez les gousses d'ail. Épépinez et émincez les piments. Râpez le zeste du citron vert. Décollez la pulpe de noix de coco de son écorce dure, supprimez sa peau noire, puis râpez-la avec une mandoline.

• Faites chauffer le reste du ghee dans une sauteuse, ajoutez les graines de cumin et mélangez 30 secondes sur le feu. Ajoutez l'ail, les piments, le zeste de citron vert et la pulpe de noix de coco râpée. Laissez revenir 3 minutes, en remuant régulièrement, puis ôtez du feu. Rectifiez l'assaisonnement.

• Préchauffez le four à 180 °C (350 °F). Découpez quatre feuilles de papier sulfurisé de 20 x 30 cm (8 x 12 po) environ. Déposez une portion de cabillaud au centre, puis recouvrez d'un quart de la préparation à la noix de coco. Ajoutez sur chaque papillote un trait de jus de citron vert et parsemez de coriandre ciselée.

• Refermez les papillotes et déposez-les sur la plaque du four. Enfournez pour 15 minutes.

La farine de pois chiches est la farine traditionnelle en Inde, où on la trouve très facilement. Mais on peut préparer cette recette en la remplaçant par de la farine de blé, à condition d'ajouter un œuf à la pâte.

Pakoras de légumes

sabjee pakora

Préparation : 25 minutes Cuisson : 10 minutes Pour 4 personnes

225 g (1 ½ tasse) de farine de pois chiche
3 carottes
1 aubergine
2 poivrons verts
1 courgette
1 c. à café (1 c. à thé) de graines de cumin
ou ½ c. à café (½ c. à thé) de cumin moulu
1 c. à café (½ c. à thé) de curcuma
1 c. à café (½ c. à thé) de garam masala
1 pincée de piment de Cayenne
huile de tournesol
sel, poivre

• Pelez les carottes et l'aubergine. Épépinez les poivrons. Lavez la courgette. Détaillez tous ces légumes en julienne, c'est-à-dire en bâtonnets de 4 cm (1 ½ po) de long ou en morceaux à votre convenance.

• Mélangez dans une jatte les graines de cumin, le curcuma, le garam masala, le piment de Cayenne, du sel, du poivre et la farine de pois chiche. Ajoutez un peu d'eau, pour obtenir une pâte semi-liquide (semblable à une pâte à beignets). Versez l'ensemble des légumes taillés en julienne dans cette préparation et mélangez pour bien les en enrober.

• Versez 2 cm (¾ po) d'huile de tournesol dans une sauteuse et faites-la chauffer à environ 170 °C (340 °F) (un brin de persil doit commencer à y frire en 2 secondes). Faites frire les bâtonnets de légumes par petits paquets de 20 bâtonnets environ, 1 à 2 minutes de chaque côté. Égouttez-les au fur et à mesure sur une feuille de papier absorbant. Servez immédiatement.

Le secret de cette recette, ce sont les oignons : ils doivent être très croustillants et dorés, presque noirs en vérité (mais pas brûlés !), avant d'être déposés sur le plat. Surveillez soigneusement la cuisson et remuez-les régulièrement !

Riz pilaf aux oignons

pulao chawal

Préparation : 25 minutes Cuisson : 25 minutes   Pour 4 personnes

390 g (2 tasses) de riz basmati
3 oignons rouges
1 morceau de gingembre de 5 cm (2 po) environ
3 c. à soupe de ghee (beurre clarifié)
175 ml (¾ tasse) de lait de coco
8 filaments de safran
1 c. à café (1 c. à thé) de graines de cumin ou ½ c. à café (½ c. à thé) de cumin moulu
1 c. à café (1 c. à thé) de graines de moutarde ou 2 c. à café (2 c. à thé) de moutarde à l'ancienne
1 pincée de curcuma
2 feuilles de laurier
2 clous de girofle
sel, poivre

• Mettez le riz dans une passoire, rincez-le sous l'eau courante. Pelez le gingembre, puis râpez-le finement. Pelez et hachez un oignon rouge.

• Faites chauffer 2 c. à soupe de ghee dans une sauteuse, puis ajoutez le gingembre, l'oignon haché, les graines de cumin et les graines de moutarde. Faites suer sur feu moyen 1 minute : les graines de moutarde vont éclater.

• Ajoutez le riz. Mélangez bien sur le feu, pendant 1 minute, puis ajoutez le lait de coco et 875 ml (3 ½ tasses) d'eau. Mélangez bien. Ajoutez le curcuma, les feuilles de laurier et les clous de girofle.

• Faites infuser les filaments de safran dans 2 cuillerées à soupe d'eau tiède, puis ajoutez dans la sauteuse. Salez et poivrez. Couvrez et laissez cuire à petits frémissements 20 minutes environ.

• Pendant ce temps, pelez les oignons rouges restants et émincez-les en rondelles. Chauffez 1 cuillerée à soupe de ghee dans une poêle et faites-y revenir les oignons, en remuant souvent avec une cuillère en bois : ils doivent roussir, pour être très croustillants.

• En fin de cuisson du riz pilaf, découvrez s'il reste encore du liquide, ou au contraire ajoutez un peu d'eau si le riz menace d'attacher. Servez dans un plat creux, parsemé d'oignons frits.

Sambhar

sambhar

Voici le plat emblématique du Kerala : la noix de coco et les piments y jouent leur rôle antagoniste. Traditionnellement, nous dégustons le sambhar… au petit déjeuner ! Avec quelques dosas, bien sûr…

Préparation : 20 minutes

Trempage : 12 heures

Cuisson : 2 h 20

Pour 4 personnes

150 g (¾ tasse) de pois chiches
5 carottes
2 aubergines
100 g (¾ tasse) de gombos
½ noix de coco
2 piments oiseaux
2 oignons
1 c. à soupe de ghee (beurre clarifié)
1 c. à café de pulpe de tamarin
(ou le jus de 1 citron vert)
2 c. à café (2 c. à thé) de graines
de coriandre ou 1 c. à café (1 c. à thé)
de coriandre moulue
1 c. à café (1 c. à thé) de graines
de moutarde ou 2 c. à café (2 c. à thé)
de moutarde à l'ancienne
1 c. à café (1 c. à thé) de graines
de fenugrec (facultatif)
1 pincée de curcuma
3 clous de girofle
1 feuille de laurier
sel, poivre

- Faites tremper les pois chiches dans un saladier d'eau pendant 12 heures.

- Égouttez les pois chiches. Mettez-les dans un faitout, couvrez-les d'eau froide. Pelez 1 oignon, piquez-le des clous de girofle et ajoutez-le. Ajoutez également la feuille de laurier. Portez à frémissement et laissez cuire à feu doux 1 h 30.

- Décollez la pulpe de noix de coco de son écorce dure, supprimez sa peau noire, puis râpez-la avec une mandoline. Pelez les aubergines et détaillez-les en cubes. Pelez les carottes et taillez-les en rondelles. Équeutez les gombos. Pelez l'oignon restant et émincez-le en rondelles. Épépinez et émincez les piments.

- Faites chauffer le ghee dans une poêle. Ajoutez les graines de moutarde, de coriandre et éventuellement de fenugrec. Mélangez 30 secondes sur le feu.

- Ajoutez les rondelles d'oignon, faites suer 1 minute, puis versez dans un grand faitout.

- Ajoutez dans le faitout les carottes, les aubergines, la noix de coco râpée et les piments. Couvrez de 1 litre (4 tasses) d'eau. Salez et poivrez. Portez à frémissement. Laissez cuire 20 minutes.

- Ajoutez les pois chiches égouttés, les gombos et le curcuma. Ajoutez éventuellement 175 ml (¾ tasse) d'eau. Laissez frémir encore 20 minutes, à découvert.

- Ajoutez la pulpe de tamarin (ou le jus de citron vert) en fin de cuisson. Rectifiez l'assaisonnement avant de servir.

Les brochettes sont très courantes en Inde, pour toutes sortes d'ingrédients. J'aime cuisiner la lotte comme une viande blanche, en la faisant mariner, puis rôtir. Attention, ne prolongez pas inutilement le temps de cuisson, elle deviendrait sèche et revêche !

Tikka de lotte

macchli tikka

Préparation : 25 minutes Marinade : 40 minutes Cuisson : 15 minutes Pour 4 personnes

620 g (1 ¼ lb) de queue de lotte
1 poivron vert
1 poivron rouge
1 oignon rouge
1 citron vert
3 c. à soupe de fromage blanc en faisselle
2 piments oiseaux
2 c. à soupe de ghee (beurre clarifié)
1 c. à café (1 c. à thé) de graines
de moutarde ou 2 c. à café (2 c. à thé)
de moutarde à l'ancienne
1 c. à café (1 c. à thé) de graines de
coriandre ou ½ c. à café (½ c. à thé)
de coriandre moulue
1 c. à café (1 c. à thé) de curcuma
1 c. à café (1 c. à thé) de garam masala
sel, poivre

• Faites chauffer 1 c. à soupe de ghee dans une sauteuse. Ajoutez les graines de moutarde et celles de coriandre. Mélangez sur le feu 30 secondes pour exprimer leur parfum. Ajoutez les piments épépinés et émincés, le curcuma et la moitié du garam masala. Mélangez, coupez le feu.

• Dans une jatte, travaillez le fromage blanc à la cuillère en bois pour l'assouplir. Pressez le citron vert et ajoutez son jus. Ajoutez également le contenu de la sauteuse. Incorporez 1 c. à soupe de ghee, salez et poivrez.

• Détaillez la lotte en cubes de 2 cm (¾ po) de côté, et déposez-les dans cette marinade. Mélanger pour bien les enrober. Laissez mariner 40 minutes au frais.

• Préchauffez le four à 210 °C (415 °F). Coupez les poivrons en deux, épépinez-les, puis détaillez-les en carrés de 3 cm (1 ¾ po) de côté environ. Pelez l'oignon, coupez-le en quatre et détachez les lamelles.

• Égouttez les cubes de lotte (réservez la marinade), puis enfilez-les sur des brochettes en les alternant avec des carrés de poivron et des lamelles d'oignon.

• Déposez les brochettes dans un plat à four et enduisez-les de marinade. Enfournez pour 15 minutes environ. Enduisez deux fois de marinade en cours de cuisson. Saupoudrez du reste de garam masala avant de servir.

Le chou-fleur est un légume commun en Inde, surtout dans le Kerala, où il abonde sur les marchés. Il est plus petit que celui que l'on trouve en France, il m'en faut deux ou trois pour cette recette.

Poêlée de chou-fleur aux épices

gobi masala

Préparation : 15 minutes Cuisson : 12 minutes Pour 4 personnes

1 chou-fleur
3 gousses d'ail
1 morceau de gingembre de 5 cm
(2 po) environ
1 c. à soupe de ghee (beurre clarifié)
1 c. à café (1 c. à thé) de graines de cumin ou ½ c. à café (½ c. à thé) de cumin en moulu
1 c. à café (1 c. à thé) de graines de coriandre ou ½ c. à café (½ c. à thé) de coriandre moulue
1 c. à café (1 c. à thé) de baies roses
1 c. à soupe de curcuma
1 c. à café (1 c. à thé) de garam masala
gros sel, poivre

● Détaillez le chou-fleur en fleurettes. Portez à ébullition une grande casserole d'eau salée, plongez-y les fleurettes de chou-fleur et laissez-les cuire 7 à 8 minutes : elles doivent être cuites, mais encore fermes sous la dent.

● Pendant ce temps, pelez et hachez les gousses d'ail, pelez le gingembre et coupez-le en dés. Mettez ail et gingembre dans un mortier, écrasez-les au pilon (vous pouvez aussi utiliser un mixeur).

● Égouttez le chou-fleur. Faites chauffer le ghee dans une sauteuse. Ajoutez les graines de coriandre et de cumin, remuez 30 secondes sur le feu. Ajoutez la pâte d'ail et de gingembre, mélangez sur le feu, puis ajoutez les fleurettes de chou-fleur, les baies rouges et le curcuma. Poivrez. Mélangez délicatement pour ne pas abîmer le chou-fleur. Baissez le feu au minimum, couvrez et laissez mijoter 3 minutes.

● En fin de cuisson, saupoudrez de garam masala.

Les légumes sont très importants dans notre cuisine. Voici une recette que l'on me réclame souvent, et dans laquelle je varie les ingrédients suivant mon inspiration du moment...

Poivrons farcis aux navets

shalgam chukander

150 g (5 oz) de viande d'agneau hachée

4 petits poivrons verts

4 petits poivrons rouges

315 g (11 oz) de pommes de terre à chair ferme

250 g (½ lb) de navets

3 oignons

1 piment oiseau

1 c. à soupe de ghee (beurre clarifié)

2 c. à soupe de fromage blanc

1 c. à café (1 c. à thé) de graines de cumin ou ½ c. à café (½ c. à thé) de cumin moulu

1 c. à café (1 c. à thé) de graines de coriandre ou ½ c. à café (½ c. à thé) de coriandre moulue

1 pincée de curcuma

gros sel

• Pelez les pommes de terre, puis coupez-les en dés de 2 cm (¾ po) de côté environ. Faites de même avec les navets. Coupez une calotte dans les poivrons pour enlever le pédoncule, épépinez-les sans les abîmer.

• Portez à ébullition une grande casserole d'eau salée. Plongez-y les poivrons et laissez-les cuire 1 minute exactement. Ressortez-les à l'aide d'une écumoire et rafraîchissez-les sous l'eau courante.

• Dans la même eau de cuisson, versez les dés de pomme de terre et de navet. Laissez-les cuire 5 à 6 minutes : ils doivent être cuits sans s'écraser. Égouttez-les.

• Pelez les oignons et émincez-les en rondelles.

• Faites chauffer le ghee dans une sauteuse, ajoutez les graines de cumin et de coriandre, mélangez 30 secondes sur le feu. Ajoutez l'oignon et la viande d'agneau hachée ; faites rissoler 5 minutes en remuant.

• Ajoutez le piment oiseau épépiné et émincé, les dés de navet et de pomme de terre, le curcuma. Mélangez délicatement. Ajoutez le fromage blanc, baissez le feu au minimum, couvrez et laissez mijoter 3 minutes.

• Farcissez les poivrons évidés de cette préparation. Servez immédiatement ou passez 15 minutes à four chaud juste avant de servir.

Les crevettes et les gambas sont bien sûr indissociables de la cuisine du Kerala. Cette recette les met en valeur subtilement, les épices et la noix de coco se disputant le privilège de les accompagner.

Molee de gambas

barâ jhi gâ'

Préparation : 15 minutes Cuisson : 20 minutes Pour 4 personnes

480 g (1 lb) de gambas cuites
2 oignons
4 gousses d'ail
2 piments oiseaux
½ noix de coco
5 c. à soupe de fromage blanc en faisselle
125 ml (½ tasse) de lait de coco
1 c. à soupe de ghee (beurre clarifié)
1 c. à café (1 c. à thé) de graines de cumin ou ½ c. à café (½ c. à thé) de cumin moulu
1 c. à café (1 c. à thé) de graines de coriandre ou ½ c. à café (½ c. à thé) de coriandre moulue
1 pincée de curcuma
2 bâtons de cannelle
2 feuilles de laurier
3 brins de menthe fraîche
sel, poivre

• Pelez et hachez les oignons et les gousses d'ail. Épépinez et émincez les piments. Décollez la pulpe de noix de coco de son écorce dure, supprimez sa peau noire, puis râpez-la avec une mandoline.

• Faites chauffer le ghee dans une sauteuse. Ajoutez les graines de cumin et de coriandre. Mélangez sur le feu 30 secondes. Ajoutez l'ail et l'oignon hachés, les piments émincés, le curcuma, les bâtons de cannelle et les feuilles de laurier ; faites suer sur feu moyen pendant 3 minutes.

• Ajoutez la pulpe de noix de coco, le fromage blanc et le lait de coco. Mélangez bien, baissez le feu au minimum. Décortiquez les gambas et ajoutez-les, mélangez pour bien les napper de sauce. Couvrez et laissez mijoter 5 minutes. Rectifiez l'assaisonnement.

• En fin de cuisson, retirez les feuilles de laurier et les bâtons de cannelle. Parsemez de menthe ciselée avant de servir.

Il y a toujours une jatte de lassi dans ma cuisine, prête à être servie, que ce soit aux clients du restaurant, aux enfants ou à des amis de passage. Meilleure est la menthe, meilleur est le lassi ! Par chance, notre jardin en est rempli...

Lassi à la menthe

pudina lassi

Préparation : 5 minutes   Pour 4 personnes

4 yogourts brassés
1 bouquet de menthe fraîche
250 ml (1 tasse) de lait froid
4 c. à soupe de sucre en poudre
8 glaçons
1 pincée de sel

● Versez dans le bol d'un mixeur les yaourts, le lait, le sucre, le sel et les glaçons. Mixez quelques secondes, pour broyer en partie les glaçons.

● Effeuillez la menthe. Ajoutez dans le bol du mixeur et mixez à nouveau, au moins 30 secondes.

● Versez le lassi dans des verres hauts et servez immédiatement. (Si vous ne le servez pas immédiatement, laissez le lassi dans le bol du mixeur et entreposez au réfrigérateur. Mixez à nouveau, pendant 15 secondes, au moment de servir.)

Les haricots cornilles donnent à ce dhal une consistance que les autres n'ont pas, et qui en fait presque un plat complet. À servir avec un simple raita, pour un déjeuner plutôt léger.

Dhal de lentilles jaunes

lobhia dhal

Préparation : 15 minutes Cuisson : 3 heures Pour 6 personnes

185 g (1 tasse) de lentilles jaunes
220 g (1 tasse) de doliques
4 tomates
4 gousses d'ail
1 piment oiseau
2 c. à soupe de ghee (beurre clarifié)
2 c. à café (2 c. à thé) de graines de coriandre (ou 1 c. à café (1 c. à thé) de coriandre moulue)
2 c. à café (2 c. à thé) de graines de cumin ou 1 c. à café (1 c. à thé) de cumin moulu
2 c. à café (2 c. à thé) de graines de moutarde ou 1 c. à soupe de moutarde à l'ancienne
2 clous de girofle
1 c. à café (1 c. à thé) de curcuma
2 brins de coriandre
sel, poivre

● Mettez les lentilles jaunes et les haricots cornilles dans un saladier, couvrez d'eau bouillante et laissez gonfler 3 heures.

● Mettez le ghee dans une grande casserole, ajoutez les gousses d'ail pelées et hachées. Épépinez et émincez le piment oiseau et ajoutez-le. Faites suer 2 minutes.

● Écrasez légèrement au pilon les graines de coriandre, de cumin et de moutarde, et ajoutez-les dans la casserole, ainsi que les clous de girofle. Laissez roussir 1 minute.

● Égouttez les lentilles jaunes et les haricots, et ajoutez-les dans la casserole. Salez, poivrez. Couvrez avec 1 litre (4 tasses) d'eau. Baissez le feu au minimum, couvrez et laissez cuire sans remuer 30 à 35 minutes.

● Portez à ébullition une casserole d'eau et ébouillantez-y les tomates pendant 20 secondes. Ressortez-les avec une écumoire, rafraîchissez-les sous l'eau courante, puis pelez-les. Coupez-les en quatre, épépinez-les et détaillez-les en dés.

● Ajoutez les tomates dans la casserole, ainsi que le curcuma. Faites cuire encore 10 minutes. Si le dhal est encore très liquide, finissez la cuisson à découvert. Parsemez de coriandre avant de servir.

On n'est pas obligé de peler les tomates de ce raita, mais c'est tellement meilleur ainsi ! J'ajoute toujours les graines de cumin au tout dernier moment, pour leur garder leur croquant.

Raita de tomate

tamatar raita

Préparation : 10 minutes

Pour 4 personnes

2 yogourts brassés
2 tomates
½ concombre
1 petit oignon
1 piment vert
2 brins de coriandre
2 c. à soupe de graines
de cumin
sel

• Mettez les yogourts dans un petit saladier, battez-les légèrement à la fourchette pour homogénéiser. Coupez le piment en deux, épépinez-le, puis hachez-le finement au couteau. Pelez et hachez également l'oignon. Ajoutez-les dans le yaourt. Salez.

• Portez à ébullition une casserole d'eau et ébouillantez-y les tomates pendant 20 secondes. Ressortez-les avec une écumoire, rafraîchissez-les sous l'eau courante, puis pelez-les. Coupez-les en quatre, épépinez-les et détaillez-les en dés. Ajoutez-les dans le saladier.

• Pelez le tronçon de concombre, coupez-le en deux dans la longueur et épépinez-le avec une petite cuillère. Débitez sa chair en petits cubes, ajoutez-les dans le saladier. Mélangez bien.

• Ciselez les brins de coriandre (mettez-les dans un verre et coupez-les avec des ciseaux, en tournant le verre plusieurs fois), puis ajoutez-les. Entreposez au réfrigérateur jusqu'au moment de servir.

• Quelques minutes avant de servir, faites griller les graines de cumin 30 secondes dans une poêle antiadhésive, sans matière grasse. Ajoutez-en la moitié dans le raita, mélangez, puis parsemez le reste de graines de cumin grillées à la surface. Servez immédiatement.

Trevor
Le père

Si j'étais... une couleur,

je serais le rouge des piments, bien brillant, gage de saveur et de puissance !

Si j'étais... une odeur,

je serais celle de la criée du matin, mêlant les embruns de l'océan
et l'odeur des poissons fraîchement pêchés.

Si j'étais... une saveur,

je serais celle des *chapati* brûlants et bien gonflés, juste nappés de ghee.

Si j'étais... un ustensile,

je serais mes *deghchi*, les sauteuses à fond épais dont je me sers au restaurant.
Sans elles, je ne serais rien !

Si j'étais... un souvenir gourmand,

je serais le « *tchaï garam* ! » crié par les *tchai-wallah* dans les rues,
incitant à venir boire un *tchaï* bien chaud et aromatique.

Si j'étais... un péché mignon,

je serais les crevettes à peine pêchées, à cuisiner quasiment sans épices
pour ne pas masquer leur saveur.

Les pois chiches sont un de mes ingrédients préférés : ils gardent leur consistance tout en s'imprégnant des saveurs des épices, mais fondent dans la bouche quand on les déguste.

Curry de pois chiches

chana masala

Préparation : 25 minutes Trempage : 12 heures Cuisson : 1 h 50 Pour 4 personnes

245 g (1 ⅓ tasse) de pois chiches
1 citron vert
3 oignons
4 gousses d'ail
1 morceau de gingembre de 5 cm
(2 po) environ
1 piment oiseau
2 c. à soupe de ghee (beurre clarifié)
3 c. à soupe de fromage blanc
1 c. à café (1 c. à thé) de graines
de cumin ou ½ c. à café (½ c. à thé)
de cumin moulu
1 c. à café (1 c. à thé) de graines de
coriandre ou ½ c. à café (½ c. à thé)
de coriandre moulue
2 c. à café (2 c. à thé) de garam masala
3 brins de coriandre fraîche
3 feuilles de laurier
3 clous de girofle
sel, poivre

• Faites tremper les pois chiches dans une jatte d'eau tiède pendant 12 heures.

• Égouttez les pois chiches, puis déposez-les dans un faitout. Couvrez de 2 litres (8 tasses) d'eau. Ajoutez un oignon pelé et piqué des clous de girofle et les feuilles de laurier. Portez lentement à ébullition, écumez la mousse qui se forme. Baissez le feu, couvrez et laissez mijoter 1 h 30 environ.

• Pendant ce temps, pelez et hachez les gousses d'ail, pelez le gingembre et détaillez-le en dés, épépinez et émincez le piment oiseau. Mettez tous ces ingrédients dans un mortier, ajoutez les graines de cumin et les graines de coriandre, et écrasez le tout avec un pilon pour obtenir une pâte (vous pouvez aussi utiliser un mixeur).

• Pelez les oignons restants, puis coupez-les en deux. Émincez-les en demi-rondelles. Séparez les anneaux avec les doigts. Faites chauffer le ghee dans un faitout, ajoutez les rondelles d'oignon, faites suer sur feu assez vif pendant 4 minutes. Ajoutez la pâte d'épices, mélangez sur le feu 30 secondes.

• Pressez le citron vert et incorporez son jus à la préparation. Délayez le tout avec le fromage blanc, salez et poivrez. Baissez le feu au minimum.

• Égouttez les pois chiches (réservez le jus de cuisson). Versez 625 ml (3 ½ tasses) de leur jus de cuisson dans le faitout, ajoutez les pois chiches et 1 c. à soupe de garam masala. Mélangez délicatement et laissez cuire tranquillement 20 minutes.

• En fin de cuisson, rectifiez l'assaisonnement, parsemez de coriandre ciselée et saupoudrez le reste du garam masala.

Voici la recette de mon dhal « personnel », celui que j'ai élaboré pour mon restaurant. Simple, mais équilibré en saveurs… Mes clients reviennent juste pour lui !

Dhal aux lentilles corail

dhal prashant

Préparation : 10 minutes   Cuisson : 25 minutes   Pour 4 personnes

370 g (2 tasses) de lentilles corail
5 gousses d'ail
1 morceau de gingembre de 5 cm
(2 po) environ
1 c. à soupe de ghee (beurre clarifié)
1 c. à café (1 c. à thé) de graines de
cumin ou ½ c. à café (½ c. à thé) de
cumin moulu
6 gousses de cardamome
sel, poivre

● Pelez et hachez les gousses d'ail. Pelez le gingembre et coupez-le en morceaux. Mettez ail et gingembre dans un mortier et pilez-les grossièrement.

● Faites chauffer le ghee dans une grande casserole, ajoutez les graines de cumin et laissez chauffer 20 secondes. Ajoutez l'ail et le gingembre pilés, mélangez sur le feu et laissez suer 2 minutes.

● Ajoutez les lentilles, couvrez de 1 litre (4 tasses) d'eau chaude. Portez à ébullition en remuant délicatement de temps en temps. Au premier bouillon, écumez la mousse de surface, puis laissez cuire 10 secondes avant de baisser le feu au minimum. Couvrez et laissez cuire 20 minutes sans mélanger.

● En fin de cuisson, ouvrez les gousses de cardamome pour récupérer leurs graines noires. Écrasez-les grossièrement, puis incorporez-les dans le dhal. Rectifiez l'assaisonnement avant de servir.

Singharas

singhara

Aux traditionnels samoussas, je préfère ces singharas, préparés à l'agneau et riches en parfums. On peut y supprimer les dés de tomate, si on les préfère plus corsés et plus secs.

Préparation : 25 minutes

Cuisson : 10 minutes

Pour 20 singharas

480 g (1 lb) d'épaule d'agneau
5 feuilles de pâte phyllo
4 tomates
120 g (1 ¼ tasse) de petits pois surgelés
1 petit oignon
4 gousses d'ail
1 morceau de gingembre de 6 cm (2 ¼ po) environ
2 jaunes d'œufs
1 c. à soupe de ghee (beurre clarifié)
2 feuilles de laurier
4 gousses de cardamome
1 piment oiseau
1 pincée de curcuma
1 c. à café (1 c. à thé) de garam masala
huile de tournesol
sel, poivre

• Portez à ébullition une casserole d'eau et ébouillantez-y les tomates pendant 20 secondes. Ressortez-les avec une écumoire, rafraîchissez-les sous l'eau courante, puis pelez-les. Coupez-les en quatre, épépinez-les et détaillez-les en dés.

• Détaillez l'épaule d'agneau en cubes, puis hachez-les 5 à 10 secondes au mixeur. Réservez dans une assiette.

• Pelez et hachez les gousses d'ail. Pelez le gingembre et coupez-le en dés. Écrasez les gousses de cardamome et récupérez leurs graines. Pelez l'oignon et coupez-le en quatre. Épépinez et émincez le piment oiseau. Mettez l'ail, le gingembre, les graines de cardamome, le piment, l'oignon et le curcuma dans le bol du mixeur (inutile de le rincer au préalable) ; mixez pour obtenir une pâte.

• Faites chauffer le ghee dans une sauteuse, ajoutez la pâte d'épices et mélangez sur le feu. Laissez suer 2 minutes en remuant. Ajoutez la viande hachée, mélangez bien et faites rissoler le tout pendant 5 minutes. Ajoutez les dés de tomate, les feuilles de laurier et 80 ml (⅓ tasse) d'eau, salez et poivrez. Couvrez et laissez frémir 10 minutes.

• Ajoutez les petits pois et continuez la cuisson 5 minutes. Parsemez de garam masala, mélangez délicatement et laissez tiédir.

• Découpez dans les feuilles de pâte à filo 10 cercles de 14 cm (5 ½ po) de diamètre environ. Coupez ces cercles en deux. Repliez ces demi-cercles sur eux-mêmes en collant leurs bords avec du jaune d'œuf battu, de manière à obtenir des cônes. Prenez-en un dans le creux de la main en l'ouvrant délicatement. Emplissez-le à moitié de préparation à l'agneau, puis refermez-le avec un peu de jaune d'œuf. Préparez ainsi 20 singharas.

• Faites chauffer 2 cm (¾ po) d'huile de tournesol à 170 °C (340 °F) dans une sauteuse. Faites-y frire les singharas par fournées successives pendant 20 à 30 secondes de chaque côté. Épongez-les sur du papier absorbant.

La chair délicate des cailles se marie parfaitement avec le parfum suave de la cardamome. Les cailles indiennes sont souvent assez grosses ; on peut en prévoir deux par personne si elles sont vraiment petites.

Cailles à la cardamome

elaichi murgh

Préparation : 20 minutes Marinade : 3 heures Cuisson : 25 minutes Pour 4 personnes

4 belles cailles
15 gousses de cardamome
3 gousses d'ail
1 morceau de gingembre de 5 cm (2 po) environ
2 c. à soupe de fromage blanc en faisselle
175 ml (¾ tasse) de lait de coco
1 citron vert non traité
2 c. à soupe de ghee (beurre clarifié)
1 c. à café (1 c. à thé) de graines de coriandre ou ½ c. à café (½ c. à thé) de coriandre moulue
2 piments oiseaux
2 brins de coriandre fraîche
sel, poivre

• Écrasez les gousses de cardamome, récupérez les graines noires qui se trouvent à l'intérieur, mettez-les au fur et à mesure dans un mortier. Pelez et hachez les gousses d'ail, ajoutez-les dans le mortier. Pelez le gingembre et coupez-le en dés, ajoutez-les également, ainsi que les graines de coriandre et les piments épépinés et émincés. Écrasez au pilon pour obtenir une pâte.

• Râpez le zeste du citron vert et ajoutez-le, puis pressez le fruit et incorporez son jus. Ajoutez la faisselle. Mélangez pour obtenir une préparation homogène.

• Rincez soigneusement les cailles, puis essuyez-les. Piquez-les en plusieurs endroits, avec un couteau pointu. Disposez-les dans un plat creux et nappez-les de la préparation à la cardamome. Laissez macérer 3 heures à couvert.

• Faites chauffer le ghee dans une sauteuse. Mettez-y les cailles, sans les égoutter. Faites-les revenir de tous côtés, sans les laisser trop colorer.

• Ajoutez la marinade et le lait de coco. Salez et poivrez. Baissez le feu et couvrez. Laissez mijoter 20 minutes à petits frémissements. Parsemez de coriandre ciselée avant de servir.

Ces petits chaussons à la noix de coco se dégustent avec du tchaï, en fin de repas, ou lors d'une collation improvisée. Les graines de pavot apportent leur croquant et leur saveur, mais vous pouvez vous en passer.

Karanjis

karanji

Préparation : 20 minutes Repos de la pâte : 1 h Cuisson : 4 minutes Pour 12 karanjis

1 noix de coco
200 g (1 ²/₃ tasse) de farine
à pâtisserie
50 g (¼ tasse) de semoule de blé fine
2 c. à soupe de ghee (beurre clarifié)
100 g (¾ tasse) de cassonade
1 c. à café (1 c. à thé) de graines de pavot bleu
5 gousses de cardamome
huile de tournesol

• Tamisez la farine, ajoutez la semoule et mélangez. Incorporez le ghee, puis suffisamment d'eau pour former une boule de pâte malléable. Laissez reposer à température ambiante pendant 1 heure, sous un linge mouillé.

• Pendant ce temps, cassez la noix de coco, décollez la pulpe de la coque, puis ôtez soigneusement la peau noire des morceaux et râpez-les avec une mandoline.

• Dans une jatte, mélangez la pulpe de noix de coco râpée et la cassonade. Écrasez les gousses de cardamome, récupérez leurs graines noires et ajoutez-les dans la jatte, ainsi que les graines de pavot bleu.

• Divisez la pâte en 12 boules, puis étalez chacune d'elles en un cercle de 10 cm de diamètre. Déposez 1 c. à soupe de la préparation à la noix de coco au centre et refermez les karanjis en chaussons ; scellez soigneusement les bords avec un peu d'eau.

• Faites chauffer 2 cm (¾ po) d'huile de tournesol dans une sauteuse, à 170 °C (340 °F) environ (un brin de persil déposé à la surface de l'huile doit commencer à frire en 2 secondes). Faites-y glisser la moitié des karanjis, faites-les frire 40 à 50 secondes, puis retournez-les pour finir la cuisson. Égouttez-les sur du papier absorbant.

• Faites frire les autres karanjis de la même manière. Conservez-les dans une boîte hermétique, jusqu'à 5 jours.

Thé aux épices

tchaï

Préparation : 7 minutes   Pour 6 personnes

1 ¹/² c. à soupe de thé noir
500 ml (2 tasses) de lait entier
4 c. à soupe de sucre en poudre
1 morceau de gingembre de 5 cm
(2 po) d'environ
6 gousses de cardamome
1 clou de girofle

- Pelez le gingembre et détaillez-le en dés. Versez 625 ml (3 ½ tasses) d'eau dans une casserole, ajoutez le thé, le lait, le sucre, les dés de gingembre, les gousses de cardamome et le clou de girofle.

- Portez à ébullition, laissez frémir 30 secondes, puis coupez le feu. Laissez infuser 2 à 3 minutes.

- Filtrez cette décoction à travers un filtre à café. Recueillez le jus obtenu et transvasez-le plusieurs fois d'une théière à une autre, de la plus haute distance possible (sans vous brûler...) : le tchaï va devenir trouble et mousser. Servez immédiatement.

Je sers le tchaï brûlant, dans de petits verres à thé, que je décore de feuilles d'or pour les grandes occasions. Le clou de girofle n'est pas indispensable, à la différence du gingembre et de la cardamome.

Amanda
La fille

Si j'étais… une couleur,

Urban a déjà choisi le rose ? Bon… Alors, je serais le blanc.
Le blanc laiteux de la chair de noix de coco !

Si j'étais… une odeur,

je serais celle de la rose ! Ah ! le délicat parfum de rose des *gulab jamun*…

Si j'étais… une saveur,

je serais l'acidité du jus de citron vert, à napper sur les plats juste avant de les servir,
pour en rehausser les parfums.

Si j'étais… un ustensile,

je serais le petit couteau que m'a offert ma grand-mère pour mes quinze ans.
Pour couper les citrons verts, bien sûr…

Si j'étais… un souvenir gourmand,

je serais la première fois que j'ai senti l'odeur de la vanille…
J'ai demandé à maman si je pouvais manger la gousse !

Si j'étais… un péché mignon,

je serais le *kulfi* à la pistache !
Celui que fait mon père est tout simplement irrésistible.

Mon dhal préféré, légèrement acidulé, bien sûr... On peut y mettre aussi un peu de pulpe de tamarin, mais j'aime autant m'en tenir au zeste de citron vert et à la citronnelle.

Dhal citronnelle

lemon grass dhal

Préparation : 15 minutes   Cuisson : 25 minutes   Pour 4 personnes

470 g (2 tasses) de lentilles corail
2 gousses d'ail
1 morceau de gingembre de 4 cm
(1 ½ po) environ
1 c. à soupe de ghee (beurre clarifié)
1 c. à café (1 c. à thé) de graines de
cumin ou ½ c. à café (½ c. à thé)
de cumin moulu
1 bâton de citronnelle
le zeste de 1 citron vert non traité
sel, poivre

• Pelez et hachez les gousses d'ail. Pelez le gingembre et coupez-le en morceaux. Coupez la citronnelle en morceaux. Mettez ail, citronnelle et gingembre dans un mortier et pilez-les grossièrement.

• Faites chauffer le ghee dans une grande casserole, ajoutez les graines de cumin et laissez chauffer 20 secondes. Ajoutez la pâte d'ail au gingembre et à la citronnelle, mélangez sur le feu et laissez suer 2 minutes.

• Ajoutez les lentilles corail, couvrez de 1,2 litre (5 tasses) d'eau chaude. Portez à ébullition en remuant délicatement de temps en temps. Au premier bouillon, écumez la mousse de surface, puis laissez cuire 10 secondes avant de baisser le feu au minimum. Couvrez et laissez cuire 20 minutes sans mélanger.

• En fin de cuisson, incorporez le zeste de citron vert en mélangeant délicatement. Rectifiez l'assaisonnement.

Rien ne remplace les calamars frais, surtout lorsqu'on habite au bord de la mer. Mais si on n'a pas cette chance, les calamars surgelés font très bien l'affaire !

Masala de calmars

samudra kari

Préparation : 15 minutes Cuisson : 10 minutes Pour 4 personnes

800 g (1 ¾ lb) d'anneaux
de calmars frais ou surgelés
2 beaux oignons
3 gousses d'ail
1 morceau de gingembre de 6 cm
(2 ¼ po) environ
le jus de 1 citron vert
1 piment oiseau
1 yogourt brassé
2 c. à soupe d'huile de tournesol
1 pincée de curcuma
2 c. à café (2 c. à thé) de graines
de coriandre ou 1 c. à café (1 c. à thé)
de coriandre moulu
2 c. à café (2 c. à thé) de graines
de cumin ou 1 c. à café (1 c. à thé)
de cumin moulu
8 gousses de cardamome
sel, poivre

• Ouvrez les gousses de cardamome et récupérez leurs graines noires.

• Mettez les graines de coriandre, de cumin et de cardamome dans un mortier et pilez-les grossièrement.

• Pelez et hachez les oignons et les gousses d'ail. Pelez le gingembre et râpez-le. Épépinez et émincez le piment oiseau.

• Faites chauffer l'huile de tournesol dans une sauteuse, ajoutez les graines pilées et laissez-les revenir 20 secondes. Ajoutez l'oignon, l'ail, le gingembre, le piment et le curcuma et faites suer 5 minutes.

• Ajoutez les anneaux de calmars et laissez-les cuire 3 à 4 minutes (6 à 8 minutes s'ils sont surgelés).

• Arrosez du jus de citron vert. Baissez le feu au minimum et incorporez le yogourt. Laissez reprendre tout doucement l'ébullition, rectifiez l'assaisonnement et servez immédiatement.

Koftas d'épinards

saag kofta

Encore une recette empruntée à ma grand-mère, dans laquelle j'ai ajouté du lait de coco et mon éternel zeste de citron vert. On peut utiliser des épinards surgelés (entiers), mais les épinards frais donnent quand même un meilleur goût...

Préparation : 30 minutes

Cuisson : 20 minutes

Pour 6 personnes

800 g (16 tasses) d'épinards frais
225 g (1 ½ tasse) de farine de pois chiche (à défaut, de farine de blé)
2 oignons
2 tomates
2 yogourts brassés
1 morceau de gingembre de 3 cm (1 ¼ po) environ
le zeste de 1 citron vert non traité
1 c. à soupe de graines de moutarde ou 2 c. à soupe de moutarde à l'ancienne
1 c. à café (1 c. à thé) de graines de cumin ou ½ c. à café (½ c. à thé) de cumin moulu
160 ml (⅔ tasse) de lait de coco
huile de tournesol
gros sel, sel, poivre

● Portez à ébullition une casserole d'eau et ébouillantez-y les tomates pendant 20 secondes. Ressortez-les avec une écumoire, rafraîchissez-les sous l'eau courante, puis pelez-les. Coupez-les en quatre, épépinez-les et détaillez-les en dés.

● Triez les épinards, lavez-les soigneusement. Portez à ébullition une grande casserole d'eau salée, jetez-y les épinards, laissez-les blanchir 1 minute, puis égouttez-les. Rafraîchissez-les à l'eau courante, puis pressez-les fortement entre vos mains, par poignées, pour exprimer le maximum d'eau résiduelle.

● Hachez grossièrement les épinards au couteau, puis mettez-les dans une jatte. Ajoutez 200 g (1 ¼ tasse) de farine de pois chiche, les dés de tomate, 1 oignon pelé et haché et les graines de cumin. Salez et poivrez. Travaillez cette préparation, puis ajoutez 175 à 250 ml (¾ à 1 tasse) d'eau pour obtenir une pâte homogène et malléable. Façonnez 18 à 20 boulettes entre vos paumes de mains.

● Faites chauffer 3 cm (1 ¼ po) d'huile de tournesol dans une sauteuse ou une friteuse et plongez-y les boulettes par petites fournées. Laissez dorer avant de retourner. En fin de cuisson (comptez 3 à 4 minutes), égouttez sur du papier absorbant.

● Délayez 20 g (¼ tasse) de farine de pois chiche dans le lait de coco. Dans une poêle, mettez le gingembre pelé et râpé, le deuxième oignon pelé et finement émincé et les graines de moutarde. Faites chauffer 1 minute, puis ajoutez le lait de coco et les yogourts. Laissez cuire à feu doux pendant environ 2 minutes, en remuant, jusqu'à épaississement.

● Incorporez le zeste de citron vert. Rectifiez l'assaisonnement de la sauce avant d'en napper les boulettes.

J'adore le parfum de la coriandre, qui se marie si bien à celui de la menthe fraîche. Le poisson qui accueille le mieux leurs saveurs est sans doute la fine et délicate raie...

Ailes de raie à la coriandre

dhanya macchli

Préparation : 20 minutes   Marinade : 2 heures   Cuisson : 8 minutes   Pour 4 personnes

1 belle aile de raie (ou 2 petites)
4 gousses d'ail
2 citrons verts
1 morceau de gingembre
de 5 cm (2 po) environ
2 c. à soupe de ghee (beurre clarifié)
125 ml (½ tasse) de lait de coco
1 piment oiseau
1 c. à café (1 c. à thé) de curcuma
2 c. à café (2 c. à thé) de graines
de coriandre ou 1 c. à café (1 c. à thé)
de coriandre moulue
2 brins de menthe fraîche
2 brins de coriandre fraîche
sel, poivre

● Pelez et hachez l'ail. Pelez le gingembre et coupez-le en dés. Mettez ail et gingembre dans un mortier, ajoutez les graines de coriandre et le piment oiseau épépiné et émincé. Écrasez le tout au pilon pour obtenir une pâte (vous pouvez aussi utiliser un mixeur).

● Pressez les citrons verts et incorporez leur jus à la pâte d'ail et de gingembre. Ciselez la menthe et la coriandre fraîches et ajoutez-en la moitié. Ajoutez également le curcuma.

● Déposez l'aile de raie dans un plat creux et nappez-la de la préparation. Laissez mariner 2 heures à température ambiante.

● Faites chauffer le ghee dans une grande poêle. Égouttez soigneusement la raie, puis déposez-la dans le ghee chaud. Faites cuire 3 à 4 minutes de chaque côté, sur feu moyen.

● Pendant ce temps, filtrez la marinade et versez le jus obtenu dans une petite casserole. Faites réduire de moitié, puis incorporez le lait de coco et faites encore réduire d'un bon tiers.

● Incorporez les herbes restantes et rectifiez l'assaisonnement. Servez cette sauce aux herbes avec la raie.

C'est une recette de ma grand-mère que j'ai adaptée à ma façon… J'y ajoute parfois de la coriandre fraîche ciselée, mais uniquement quand elle n'est pas là, car ça ne lui plaît guère !

Épaule aux pistaches

ka dhe ke

Préparation : 20 minutes   Cuisson : 35 minutes   Pour 6 personnes

1 épaule d'agneau de 1,4 kg
(3 lb) environ
200 g (2 tasses) de pistaches
décortiquées, non salées
2 jaunes d'œufs
5 c. à soupe de fromage blanc
en faisselle
1 oignon
3 gousses d'ail
1 morceau de gingembre
de 5 cm (2 po) environ
40 g (¼ tasse) de farine
4 gousses de cardamome
1 c. à soupe de graines de cumin ou
1 c. à café (1 c. à thé) de cumin moulu
1 c. à soupe de graines de moutarde
ou 2 c. à soupe de moutarde à l'ancienne
sel, poivre

● Préchauffez le four à 240 °C (475 °F).

● Écrasez les gousses de cardamome, récupérez leurs graines noires. Pelez le gingembre, coupez-le en petits dés. Pelez les gousses d'ail, coupez-les en quatre. Pelez l'oignon, émincez-le grossièrement. Mettez tous ces ingrédients dans un mortier, ajoutez les graines de cumin et de moutarde, et écrasez le tout au pilon pour obtenir une pâte (vous pouvez aussi utiliser un mixeur).

● Hachez grossièrement les pistaches au couteau (n'utilisez pas de mixeur pour cette opération, car vous obtiendriez une pâte huileuse), puis incorporez-les à la préparation précédente. Ajoutez la faisselle et mélangez bien pour obtenir une pâte collante. Salez et poivrez.

● Dégraissez soigneusement l'épaule d'agneau, puis farinez-la de toutes parts. Badigeonnez-la au pinceau des jaunes d'œufs battus avec un peu d'eau. Enduisez-la enfin de la préparation aux pistaches, puis déposez-la dans un plat à four. Versez 160 ml (⅔ tasse) d'eau dans le fond du plat et enfournez.

● Au bout de 15 minutes, baissez la température du four à 180 °C (350 °F). Laissez cuire encore 20 minutes.

● Coupez le four et laissez la viande reposer 15 minutes avant de la servir.

Voici ma recette fétiche, celle que je fais à mes copines quand elles viennent manger à la maison. Papa me dit toujours que j'y mets trop de lait de coco, mais c'est comme ça que je l'aime !

Darnes de congre au lait de coco

sarp samudr ke nariyal dûdh

Préparation : 20 minutes   Marinade : 1 heure   Cuisson : 12 minutes   Pour 4 personnes

4 darnes de congre
1 citron vert
3 gousses d'ail
1 morceau de gingembre
de 5 cm (2 po) environ
2 clous de girofle
1 piment oiseau
1 pincée de curcuma
1 c. à soupe d'huile
de tournesol
310 ml (1 ¼ tasse) de lait de coco
3 brins de coriandre
sel, poivre

• Pelez et hachez les gousses d'ail, pelez le gingembre et coupez-le en dés. Mettez ail et gingembre dans un mortier ; ajoutez les clous de girofle, le piment oiseau émincé et le curcuma. Écrasez le tout au pilon pour former une pâte (vous pouvez aussi utiliser un mixeur).

• Pressez le citron vert et incorporez son jus à la pâte d'épices, salez et poivrez. Disposez les darnes de congre dans un plat creux, nappez-les de cette marinade et retournez-les pour bien les en enrober. Laissez mariner 1 heure au frais.

• Égouttez rapidement les darnes (réservez la marinade). Faites chauffer l'huile de tournesol dans une sauteuse et déposez-y les darnes. Faites-les revenir 1 minute de chaque côté, à feu assez vif, puis versez la marinade et baissez le feu. Ajoutez le lait de coco et mélangez délicatement. Laissez cuire 5 à 6 minutes.

• Ôtez les darnes de congre, réservez-les dans un plat creux. Montez le feu sous la sauteuse et faites légèrement réduire la sauce avant d'en napper les darnes. Parsemez de coriandre ciselée avant de servir.

Chips soufflées

puri

Préparation : 20 minutes

Repos de la pâte : 1 heure

Cuisson : 10 minutes

Pour 15 puris

150 g (¾ tasse) de semoule de blé fine

350 g (2 ⅓ tasse) de farine

huile de tournesol

• Tamisez la farine dans une jatte, ajoutez la semoule de blé et mélangez. Creusez un puits au centre. Ajoutez environ 80 ml (⅓ tasse) d'eau et pétrissez du bout des doigts. Ajoutez encore un peu d'eau si nécessaire, pour obtenir une pâte malléable. Pétrissez quelques instants, puis ramassez en boule, couvrez d'un linge et laissez reposer à température ambiante pendant 1 heure.

• Pétrissez à nouveau la pâte, puis divisez-la en une quinzaine de parts. Pétrissez-les rapidement une à une, ramassez-les en boules, puis abaissez-les avec un rouleau à pâtisserie, en cercles de 1 à 2 mm (¹⁄₁₆ po) d'épaisseur.

• Faites chauffer 2 cm (¾ po) d'huile de tournesol dans une sauteuse, à 170 °C (340 °F) (un brin de persil doit commencer à frire au bout de 2 secondes).

• Déposez un *puri* dans la sauteuse : il va bouillonner quelques instants avant de remonter à la surface, en 10 secondes au maximum. Enfoncez-le quelques secondes dans l'huile bouillante avec le plat d'une fourchette, pour le faire gonfler, puis retournez-le pour le dorer de l'autre côté.

• Égouttez le *puri* cuit dans une assiette garnie de papier absorbant et faites cuire les autres de la même manière.

Les puri sont la plus simple des recettes compliquées ! Le tout est de faire attention à la quantité d'eau absorbée par la semoule et la farine. Suivant celles que l'on utilise, il faut plus ou moins d'eau pour parvenir à une pâte de la bonne consistance.

Urban
Le fils

Si j'étais… une couleur,

je serais le rose, juste parce que c'est la couleur préférée d'Amanda,
et qu'ainsi elle ne pourra plus la choisir !

Si j'étais… une odeur,

je serais celle du gingembre frais, à peine taillé en dés. Je viens toujours le renifler,
dans la cuisine, avant que Papa ne l'ajoute dans ses plats…

Si j'étais… une saveur,

je serais la saveur chaude de la cannelle en train d'infuser.

Si j'étais… un ustensile,

je serais des piques à brochettes ! C'est tellement plus rigolo
que de manger directement dans le plat !

Si j'étais… un souvenir gourmand,

ce serait à la dernière fête de la Pleine Lune ;
Papa avait préparé une montagne de *mithai*, toujours aussi sucrés. Je me suis régalé !

Si j'étais… un péché mignon,

je serais la noix de coco fraîche, à partager entre les copains,
en choisissant les morceaux les plus gros…

Le riz gonflé des saveurs des aromates, voilà ce que j'aime dans ce plat ! Je vais toujours chercher les fragments de cannelle au fond du récipient et je les suce avec gourmandise, sous l'œil amusé de Papa.

Pilaf de poulet

pulao murgh

Préparation : 15 minutes   Cuisson : 25 minutes   Pour 4 personnes

600 g (1 ¼ lb) de blancs de poulet
390 g (2 tasses) de riz basmati
2 oignons
3 gousses d'ail
6 cm (2 ¼ po) de gingembre
2 piments oiseaux
3 c. à soupe de ghee (beurre clarifié)
160 ml (²⁄₃ tasses) de lait de coco
810 ml (3 ¼ tasses) de bouillon de volaille
3 gousses de cardamome
1 bâton de cannelle ou ½ c. à café (½ c. à thé) de cannelle moulue
2 clous de girofle
sel, poivre

• Pelez et hachez les oignons et les gousses d'ail. Pelez le gingembre et coupez-le en dés. Épépinez et émincez les piments. Écrasez les gousses de cardamome pour récupérer leurs graines noires. Mettez tous ces ingrédients dans un mortier, ajoutez les clous de girofle et pilez grossièrement.

• Détaillez les blancs de poulet en lanières. Chauffez le ghee dans un faitout et faites-y dorer les lanières de poulet sur feu assez vif, pendant 3 à 4 minutes, puis ajoutez le contenu du mortier et mélangez 1 minute sur le feu.

• Rincez le riz sous l'eau courante, puis ajoutez-le dans le faitout. Faites-le revenir 1 minute en remuant avec une cuillère en bois, puis mouillez avec le bouillon de volaille. Mélangez, baissez le feu et couvrez. Laissez cuire 15 minutes environ.

• Retirez le couvercle et vérifiez le degré de cuisson. Salez si nécessaire et poivrez. Défaites le bâton de cannelle en petits morceaux et incorporez-les. Laissez cuire encore quelques minutes (à découvert s'il reste beaucoup de bouillon) pour que le riz soit bien tendre.

• Liez avec le lait de coco en fin de cuisson.

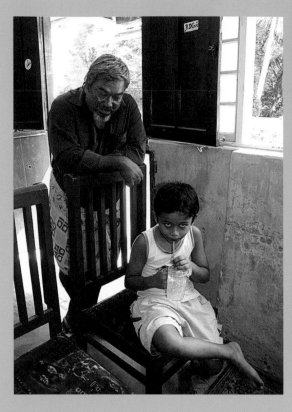

J'aime les dosas, surtout le matin, avec une bonne part de sambhar… Celles de maman sont fines et moelleuses, bien croustillantes sur les bords… Un vrai délice !

Galettes croustillantes

dosa

Préparation : 25 minutes

Trempage : 12 heures

Repos de la pâte : 10 heures

Cuisson : 20 minutes

Pour 6 personnes

100 g (½ tasse) de lentilles noires
(urad dhal)
250 g (1 ⅔ tasse) de farine de riz
1 pincée de fenugrec (facultatif)
huile de tournesol
1 pincée de sel

• Faites tremper les lentilles noires dans un saladier d'eau pendant 12 heures.

• Égouttez les lentilles, puis versez-les dans le bol du mixeur, avec 810 ml (3 ¼ tasses) d'eau, le fenugrec, le sel et la farine de riz. Mixez jusqu'à obtenir une préparation homogène et onctueuse. Ajoutez un peu d'eau si nécessaire (la consistance doit être à peu près celle d'une pâte à crêpes).

• Versez dans une grande jatte, couvrez et laissez reposer environ 10 heures dans un endroit chaud et peu aéré. La pâte va fermenter et quasiment doubler de volume.

• Préparez ensuite vos dosas exactement comme des crêpes : huilez une grande poêle ou une crêpière et faites-y cuire de petites quantités de pâte, après les avoir étalées avec le dos d'une spatule. Laissez cuire 2 à 3 minutes de chaque côté. (On ne trouve la température idéale du feu – ni trop fort, ni trop faible – qu'après avoir raté une ou deux dosas...)

Curry de pommes de terre et chou-fleur

aloo gobi

Préparation : 15 minutes

Cuisson : 20 minutes

Pour 4 personnes

625 g (2 ½ tasses) de pommes de terre à chair ferme
1 chou-fleur
3 tomates
1 oignon
3 gousses d'ail
1 c. à soupe de ghee (beurre clarifié)
1 c. à café (1 c. à thé) de graines de cumin ou ½ c. à café (½ c. à thé) de cumin moulu
1 c. à café (1 c. à thé) de graines de moutarde ou 2 c. à café (2 c. à thé) de moutarde à l'ancienne
2 pincées de curcuma
1 c. à café (1 c. à thé) de garam masala
1 c. à café (1 c. à thé) de gros sel

Ce que j'aime dans ce plat, c'est le parfum des épices entières mélangées aux légumes : les graines de moutarde qui explosent dans la bouche, les graines de cumin qui croquent sous la dent...

• Pelez les pommes de terre, puis détaillez-les en cubes. Détaillez le chou-fleur en fleurettes.

• Portez à ébullition une casserole d'eau. Ajoutez le gros sel et 1 pincée de curcuma. Ajoutez les cubes de pommes de terre et cuisez pendant 3 minutes.

• Ajoutez les fleurettes de chou-fleur et laissez cuire 5 minutes. Pendant ce temps, portez à ébullition une casserole d'eau et ébouillantez-y les tomates pendant 20 secondes. Ressortez-les, rafraîchissez-les sous l'eau, puis pelez-les. Coupez-les en quatre, épépinez-les et détaillez-les en dés.

• Pelez et hachez l'oignon et les gousses d'ail. Faites chauffer le ghee dans une sauteuse, ajoutez les graines de cumin, les graines de moutarde, l'oignon et l'ail. Laissez suer 1 minute, puis ajoutez les tomates concassées.

• Égouttez les pommes de terre et le chou-fleur ; ajoutez-les dans la sauteuse, ainsi que 125 ml d'eau (½ tasse) et 1 pincée de curcuma. Couvrez et baissez le feu au minimum. Laissez mijoter 10 minutes.

• En fin de cuisson, parsemez de garam masala.

C'est Amanda qui prépare cette recette pour me faire plaisir, parce qu'elle sait que j'adore ces petites allumettes croquantes et fondantes. Alors je suis gentil avec elle... ce jour-là en tout cas !

Allumettes de poulet pimentées

murgh chili

Préparation : 15 minutes   Marinade : 3 heures   Cuisson : 10 minutes   Pour 4 personnes

360 g (12 oz) de blancs de poulet
4 gousses d'ail
1 morceau de gingembre de 5 cm
(2 po) environ
1 citron vert non traité
2 piments oiseaux
3 c. à soupe de ghee ou d'huile
de tournesol
2 c. à soupe de chapelure
1 c. à café (1 c. à thé) de graines
de moutarde ou 2 c. à café (2 c. à
thé) de moutarde à l'ancienne
2 c. à soupe de garam masala
chutney de coco ou de mangue
sel, poivre

● Pelez et hachez les gousses d'ail ; pelez le gingembre et râpez-le. Râpez également le zeste du citron vert, puis pressez le fruit pour recueillir son jus. Épépinez et émincez les piments. Détaillez les blancs de poulet en fines lanières.

● Mélangez dans un plat creux le zeste et le jus de citron vert, l'ail haché, le gingembre râpé, les piments émincés, les graines de moutarde et le garam masala. Salez et poivrez, ajoutez les lanières de poulet et mélangez pour bien les enrober. Laissez macérer 3 heures.

● Versez la chapelure dans une assiette creuse. Trempez-y les lanières de poulet une à une, pour bien les en rober. Chauffez le ghee dans une poêle et faites-y frire en deux fois les lanières de poulet pendant 4 à 5 minutes, en les retournant à mi-cuisson.

● Servez avec le chutney de coco ou de mangue.

Maman prépare ce dhal spécialement pour me faire plaisir... Il est relevé juste comme il faut et adouci par le lait de coco. Parfois, elle y ajoute avant de servir quelques copeaux de noix de coco fraîche.

Dhal à la noix de coco

dhal nariyal

Préparation : 20 minutes   Cuisson : 30 minutes   Pour 4 personnes

250 g (⅓ tasse) de lentilles rouges (masoor dhal)
2 tomates
2 oignons
1 gousse d'ail
1 piment oiseau
2 c. à soupe de ghee (beurre clarifié)
1 c. à soupe d'huile de tournesol
160 ml (⅔ tasse) de lait de coco
1 c. à café (1 c. à thé) de curcuma
1 c. à café (1 c. à thé) de graines de cumin ou ½ c. à soupe de cumin moulu
1 c. à café (1 c. à thé) de graines de coriandre ou ½ c. à soupe de coriandre moulue
1 c. à café (1 c. à thé) de graines de moutarde ou 2 c. à soupe de moutarde à l'ancienne
sel, poivre

• Portez à ébullition une casserole d'eau et ébouillantez-y les tomates pendant 20 secondes. Ressortez-les avec une écumoire, rafraîchissez-les sous l'eau courante, puis pelez-les. Coupez-les en quatre, épépinez-les et détaillez-les en dés.

• Pelez 1 oignon et la gousse d'ail et hachez-les. Épépinez et émincez le piment oiseau. Faites chauffer le ghee dans une grande casserole, ajoutez ces ingrédients et laissez suer 3 minutes.

• Ajoutez les lentilles rouges, les tomates concassées et 810 ml (3 ¼ tasses) d'eau. Portez à ébullition.

• Baissez le feu au minimum, ajoutez le curcuma, couvrez et laissez cuire le dhal pendant 25 minutes : les lentilles vont se défaire et former une sorte de purée assez liquide.

• Pendant ce temps, pelez l'oignon restant et émincez-le en tranches fines. Séparez les anneaux avec les doigts. Chauffez l'huile de tournesol dans une poêle et faites-y sauter les anneaux d'oignon à feu assez vif, pendant 7 à 8 minutes, en remuant de temps en temps avec une cuillère en bois, pour qu'ils caramélisent. En fin de cuisson, ajoutez les graines de cumin, de coriandre et de moutarde ; mélangez bien sur le feu pour les faire griller.

• Incorporez le lait de coco dans le dhal, assaisonnez, mélangez délicatement, puis coupez le feu. Versez le contenu de la poêle sur le dhal et servez immédiatement.

Masala de saumon

macchli masala

Papa essaie toujours de me faire goûter à des poissons bizarres, qu'il ramène de la criée le matin, mais moi je préfère le saumon ! Alors bon, de temps en temps, il veut quand même me faire plaisir, et il prépare cette recette... J'en prends toujours deux fois !

Préparation : 15 minutes

Cuisson : 10 minutes

Pour 4 personnes

4 belles darnes de saumon
1 oignon
5 gousses d'ail
1 morceau de gingembre
de 5 cm (2 po) environ
2 c. à soupe de ghee (beurre clarifié)
4 c. à soupe de fromage blanc
1 c. à café (1 c. à thé) de graines
de cumin ou ½ c. à café (1 c. à thé)
de cumin moulu
1 c. à café (1 c. à thé) (1 c. à thé) de
graines de coriandre ou ½ c. à café
(½ c. à thé) de coriandre moulue
5 gousses de cardamome
1 piment oiseau
2 brins de coriandre
sel, poivre

● Pelez et hachez les gousses d'ail et l'oignon. Pelez le gingembre et coupez-le en dés. Épépinez et émincez le piment oiseau. Mettez ces ingrédients dans un mortier, ajoutez les graines de cumin et les graines de coriandre, pilez le tout grossièrement.

● Chauffez 1 c. à soupe de ghee dans une sauteuse. Ajoutez les darnes de saumon, faites-les revenir 1 minute de chaque côté. Réservez-les sur une assiette.

● Chauffez le reste du ghee dans la sauteuse, ajoutez le contenu du mortier et faites suer 3 minutes sur le feu.

● Ouvrez les gousses de cardamome et récupérez leurs graines. Mettez-les dans la sauteuse avec le fromage blanc, baissez le feu au minimum et mélangez délicatement. Rectifiez l'assaisonnement. Déposez les darnes de saumon par-dessus, couvrez et laissez cuire 5 minutes à feu très doux.

● En fin de cuisson, parsemez de coriandre ciselée.

Les légumes de cette recette restent légèrement croquants… Une fois que je suis servi, j'ajoute toujours un peu plus de garam masala, pour le plaisir de sentir son parfum chatouiller mes narines…

Curry de légumes

avial

Préparation : 15 minutes   Cuisson : 20 minutes   Pour 4 personnes

250 g (½ lb) de carottes
480 g (1 lb) de pommes de terre
250 g (½ lb) de haricots verts
120 g (¼ lb) de navets
½ noix de coco
125 ml (½ tasse) de lait de coco
2 yogourts brassés
1 c. à soupe de ghee (beurre clarifié)
2 piments oiseaux
1 morceau de gingembre de 4 cm
(1 ½ po) environ
2 gousses d'ail
1 c. à café (1 c. à thé) de curcuma
1 c. à café (1 c. à thé) de garam masala
gros sel, poivre

- Pelez les carottes, les pommes de terre et les navets, détaillez-les en rondelles ou en morceaux de la taille d'une bouchée. Effilez les haricots verts.

- Portez à ébullition une casserole emplie d'eau, ajoutez 1 c. à soupe de gros sel et le curcuma. Plongez-y les légumes, laissez-les cuire 8 minutes environ (ils doivent être tendres, mais encore légèrement croquants).

- Pendant ce temps, pelez et hachez l'ail, pelez le gingembre et détaillez-le en dés. Chauffez le ghee dans une sauteuse, ajoutez l'ail et le gingembre, faites suer 2 minutes. Épépinez et émincez les piments, puis ajoutez-les.

- Égouttez les légumes et ajoutez-les dans la sauteuse. Faites sauter le tout sur feu assez vif, en remuant régulièrement, puis baissez le feu.

- Décollez la pulpe de noix de coco de son écorce dure, supprimez sa peau noire, puis râpez-la avec une mandoline. Saupoudrez-en les légumes, arrosez avec le lait de coco, poivrez, remuez et portez doucement à ébullition. Laissez cuire à feu doux 5 minutes.

- Ajoutez les yogourts, mélangez délicatement et poursuivez la cuisson sur feu doux pendant 3 minutes. Poudrez de garam masala avant de servir.

Alors là, c'est le fin du fin ! Ces petites boules magiques au parfum de rose, dégoulinantes de sirop, sont simplement divines ! Amanda et moi les enfournons tout entières.

Perles du Kerala

gulab jamun

Préparation : 25 minutes   Cuisson : 12 minutes   Pour 8 personnes

80 ml (⅓ tasse) de lait entier
2 c. à soupe de ghee (beurre clarifié)
400 g (4 tasses) de sucre en poudre
120 g (1 ¼ tasse) de lait en poudre
1 c. à soupe de semoule de blé fine
2 c. à soupe de farine
1 c. à café (1 c. à thé) de levure chimique
huile de tournesol
4 gousses de cardamome
eau de rose
2 étoiles de badiane (anis étoilé)

• Versez le sucre en poudre dans une casserole, ajoutez 810 ml (3 ¼ tasses) d'eau et les étoiles de badiane, portez à ébullition. Laissez bouillir 5 minutes, puis coupez le feu et ajoutez un trait d'eau de rose. Ôtez la casserole du feu.

• Écrasez les gousses de cardamome et récupérez leurs graines noires. Pilez-les dans un mortier.

• Dans une jatte, mélangez le lait en poudre, les graines de cardamome pilées, la semoule de blé, la levure et la farine. Ajoutez le ghee et travaillez du bout des doigts. Incorporez la moitié du lait et mélangez bien. Ajoutez progressivement le reste du lait, jusqu'à obtenir une pâte homogène et bien malléable.

• Divisez la pâte en une trentaine de parts égales et roulez celles-ci en boules entre les paumes de vos mains.

• Chauffer 4 cm (1 ½ po) d'huile de tournesol dans une sauteuse à 160 °C (325 °F) (un brin de persil doit commencer à frire en 3 à 4 secondes). Déposez les boules de pâte et les frire jusqu'à ce qu'elles soient dorées de tous côtés.

• Égouttez les gulab jamun à l'aide d'une écumoire et épongez-les sur du papier absorbant. Plongez-les dans le sirop à l'eau de rose et laissez-les y jusqu'au moment de servir.

Rosilina
La grand-mère

Si j'étais… une couleur,

je serais le jaune d'or, couleur du merveilleux safran du Kashmir, le meilleur du monde...

Si j'étais… une odeur,

je serais celle des graines de cumin grillées, craquantes sous la dent et parfumées, qui embaument la pièce entière.

Si j'étais… une saveur,

je serais la saveur douce des jeunes épinards juste revenus dans un peu de ghee, encore légèrement croquants...

Si j'étais… un ustensile,

je serais mon égouttoir à fond plat, que je tiens de ma mère. Je sais bien qu'il est un peu rouillé, mais j'y fais d'incomparables *paneer* !

Si j'étais… un souvenir gourmand,

je serais le *paneer* que ma mère préparait elle-même, quand j'étais enfant... Elle le débitait en cubes, qu'elle faisait cuire avec des épinards. Divin !

Si j'étais… un péché mignon,

je serais le *lassi* à la menthe, légèrement salé. Je peux en boire des litres !

La cuisine indienne marie dans un même repas des plats épicés et d'autres à la saveur plus douce. Le raita de concombre est de cette dernière catégorie, calmant le feu des épices sans pour autant les neutraliser.

Raita de concombre

cucumber raita

Préparation : 5 minutes   Pour 4 personnes

1 gros concombre
1 c. à soupe de jus de citron vert
1 yogourt brassé
1 pincée de curcuma
1 pincée de paprika
1 c. à café (1 c. à thé) de garam masala
2 brins de coriandre fraîche
sel, poivre

• Pelez le concombre, puis coupez-le en deux dans la longueur. Videz-le de ses graines à l'aide d'une petite cuillère. Détaillez-le en petits dés, mettez-les dans un saladier.

• Ajoutez le yogourt, le jus de citron vert, le curcuma, le paprika et le garam masala. Salez et poivrez. Mélangez bien.

• Ciselez la coriandre et incorporez-la au dernier moment, avant de servir.

Je prépare cette pâte à beignets avec de l'eau, comme le faisait ma mère et avant elle ma grand-mère, mais je sais que mon fils préfère utiliser de la bière blonde, pour obtenir des beignets à la fois plus croustillants et plus légers.

Bhajias aux crevettes

bhajia ke jhi gâ

Préparation : 15 minutes   Repos de la pâte : 30 minutes   Cuisson : 5 minutes   Pour 4 personnes

420 g (14 oz) de crevettes roses
1 petit poivron vert
1 oignon
1 piment oiseau
50 g (⅓ tasse) de farine de pois chiches (ou de farine de blé)
1 c. à café (1 c. à thé) de levure chimique
1 œuf
1 ½ c. à café (1 ½ c. à thé) de graines de cumin ou ½ c. à café (1 ½ c. à thé) de cumin moulu
2 brins de coriandre fraîche
huile de tournesol
sel, poivre

• Tamisez la farine, incorporez la levure, creusez un puits et cassez-y l'œuf. Ajoutez 1 c. à soupe d'huile de tournesol et 60 ml (⅓ tasse) d'eau. Mélangez en tournant toujours dans le même sens, pour obtenir une pâte à beignets semi-liquide. Ajoutez un peu d'eau si nécessaire. Salez et poivrez. Laissez reposer 30 minutes.

• Pendant ce temps, décortiquez les crevettes, puis émincez-les. Épépinez et émincez le piment oiseau. Pelez et émincez l'oignon. Épépinez le poivron, puis détaillez-le en petits dés. Ciselez la coriandre.

• Incorporez les crevettes, l'oignon, les dés de poivron, le piment, la coriandre et le cumin à la pâte à beignets. Mélangez bien.

• Dans une sauteuse, faites chauffer 2 cm (¾ po) d'huile de tournesol à 160 °C (325 °F) (un brin de persil doit commencer à frire en 4 secondes environ). Déposez-y la préparation par petites cuillerées, bien espacées. Laissez frire environ 1 minute de chaque côté, puis égouttez sur du papier absorbant.

Croquettes de pommes de terre aux légumes

aloo ki tikki

Urban et Amanda me réclament toujours ces petits palets de pommes de terre aux légumes, délicieusement dorés à l'extérieur et juste moelleux comme il faut à l'intérieur. Et comme je ne sais rien leur refuser…

Préparation : 20 minutes

Cuisson : 30 minutes

Pour 6 personnes

600 g (1 ¼ lb) de pommes de terre à chair jaune
1 poivron rouge
1 oignon
2 gousses d'ail
le jus de ½ citron vert
1 morceau de gingembre de 3 cm (1 ¼ po) environ
50 g (⅓ tasse) de farine de pois chiche (ou de farine de blé)
1 c. à soupe de ghee (beurre clarifié)
3 c. à soupe d'huile de tournesol
1 c. à café (1 c. à thé) de graines de cumin ou ½ c. à café (1 ½ c. à thé) de cumin moulu
1 c. à café (1 c. à thé) de graines de moutarde ou 2 c. à café (1 c. à thé) de moutarde à l'ancienne
1 pincée de paprika
1 pincée de curcuma
1 c. à café (1 c. à thé) de garam masala
gros sel, sel fin, poivre

● Épluchez les pommes de terre, puis coupez-les en quatre et déposez-les dans une casserole. Couvrez d'eau froide, ajoutez 1 cuillerée à café de gros sel et portez à petits frémissements. Laissez cuire à feu moyen pendant 15 minutes environ.

● Pendant ce temps, pelez l'oignon et émincez-le en rondelles. Pelez et hachez les gousses d'ail. Pelez le gingembre, puis râpez-le finement. Épépinez le poivron et détaillez-le en carrés.

● Chauffez une poêle, mettez les graines de cumin et de moutarde, laissez-les roussir pendant 20 secondes et réservez-les.

● Chauffez le ghee dans une poêle, ajoutez le gingembre râpé, l'oignon émincé et l'ail haché. Faites suer 2 minutes en remuant, puis ajoutez les carrés de poivron. Mélangez et coupez le feu.

● Égouttez les pommes de terre, puis passez-les au moulin à légumes pour obtenir une purée (à défaut, écrasez-les à la fourchette, mais évitez le mixeur, qui donne une consistance élastique).

● Incorporez dans la purée les graines de cumin et de moutarde, ainsi que le contenu de la poêle ; mélangez. Ajoutez le curcuma, le paprika et le garam masala, le jus de citron vert, salez et poivrez. Poudrez de farine de pois chiche et mélangez bien.

● Façonnez des petits palets de la préparation entre les paumes de vos mains.

● Chauffez l'huile de tournesol dans une grande sauteuse, puis déposez-y les palets. Faites-les cuire à feu moyen, 15 minutes environ, en les retournant deux ou trois fois. Ils doivent être bien dorés.

Je préparais ce chutney quand Edward et moi habitions Bombay et que nous trouvions facilement des noix de coco. Aujourd'hui, j'en confectionne plusieurs pots à l'avance quand je vais chez mon fils et les rapporte chez moi, à Bhopal. Ils me font tout l'hiver !

Chutney à la noix de coco

nariyal chutney

Préparation : 15 minutes   Cuisson : 20 minutes   Pour 4 personnes

1 petite noix de coco
2 oignons
2 gousses d'ail
1 morceau de gingembre de 4 cm
(1 ½ po) environ
1 citron vert non traité
2 piments oiseaux
1 c. à café (1 c. à thé) de graines
de moutarde ou 2 c. à soupe
de moutarde à l'ancienne
1 c. à soupe de cassonade
1 c. à soupe de ghee (beurre clarifié)
sel, poivre

• Décollez la pulpe de noix de coco de son écorce dure, supprimez sa peau noire, puis râpez sa chair avec une mandoline (utilisez la face à gros trous).

• Pelez les oignons, puis émincez-les en rondelles. Pelez et hachez les gousses d'ail. Pelez le gingembre et râpez-le finement. Râpez le zeste du citron vert, puis pressez le fruit pour recueillir son jus. Épépinez les piments, puis émincez-les.

• Faites chauffer une sauteuse sur feu moyen, mettez-y les graines de moutarde et laissez-les roussir 20 secondes (elles vont commencer à éclater). Ajoutez le ghee, l'oignon, l'ail, le gingembre, les piments et le zeste de citron vert. Salez et poivrez, mélangez sur le feu. Laissez suer 3 minutes.

• Ajoutez la pulpe de noix de coco et la cassonade. Mélangez bien. Baissez le feu et couvrez. Laissez compoter 12 minutes environ, en remuant de temps en temps.

• Arrosez du jus de citron vert et mélangez encore. Laissez cuire 2 minutes supplémentaires et rectifiez l'assaisonnement. Laissez tiédir ou refroidir avant de servir.

Dans notre région du Madhya Pradesh, on ne trouve que très peu de poissons sur les marchés. Mais, comme mon fils, j'adore les produits de la mer, et on me réserve souvent un ou deux homards lors des arrivages.

Homards gratinés aux épices

masâle lobster

Préparation : 25 minutes   Cuisson : 20 minutes   Pour 4 personnes

2 homards (vivants ou surgelés)
3 gousses d'ail
1 morceau de gingembre de 5 cm (2 po) environ
1 citron vert
3 c. à soupe de ghee (beurre clarifié)
1 c. à café (1 c. à thé) de graines de cumin ou ½ c. à café (½ c. à thé) de cumin moulu
1 c. à café (1 c. à thé) de curcuma
1 c. à soupe de garam masala
3 brins de coriandre fraîche
4 litres (4 tasses) de court-bouillon
sel, poivre

• Portez à ébullition le court-bouillon dans un grand faitout, plongez-y les homards et laissez-les cuire 7 à 8 minutes (10 minutes s'ils sont surgelés).

• Sortez les homards du court-bouillon, laissez-les tiédir, puis coupez-les en deux dans la longueur, avec un grand couteau à lame large. Taillez leur chair en morceaux, sans la réduire en miettes. Réservez les carcasses.

• Préchauffez le four à 210 °C (415 °F). Pelez et hachez les gousses d'ail. Pelez le gingembre et détaillez-le en dés. Mettez ail et gingembre dans un mortier avec les graines de cumin et le curcuma. Écrasez le tout au pilon. Pressez le citron vert et incorporez son jus à cette préparation. Salez et poivrez.

• Dans une jatte, mélangez les morceaux de chair de homard avec cette pâte d'épices, puis remettez-les dans les demi-carcasses de homard et déposez celles-ci sur un plat à four.

• Faites réchauffer le ghee (ou le beurre fondu) dans une petite casserole. Nappez les demi-homards de ghee chaud et enfournez immédiatement pour 12 minutes.

• Parsemez les demi-homards de garam masala et de coriandre ciselée avant de servir.

Dhal aux lentilles noires

urad dhal

Les lentilles noires servent dans toute l'Inde à la préparation des dosas, mais dans ma région, on les fait volontiers mijoter, pour des dhals particulièrement savoureux.

Préparation : 15 minutes

Cuisson : 50 minutes

Pour 4 personnes

230 g (1 ¼ tasse) de lentilles noires (urad dhal)

3 belles tomates

1 oignon

2 gousses d'ail

1 morceau de gingembre de 5 cm (2 po) environ

1 c. à soupe de ghee (beurre clarifié)

1 c. à café (1 c. à thé) de graines de cumin ou ½ c. à café (½ c. à thé) de cumin moulu

1 c. à café (1 c. à thé) de graines de fenouil (facultatif)

1 pincée de curcuma

1 piment oiseau

2 brins de coriandre

sel, poivre

• Portez une casserole d'eau à ébullition et ébouillantez-y les tomates pendant 20 secondes. Ressortez-les avec une écumoire, rafraîchissez-les sous l'eau courante, puis pelez-les. Coupez-les en quatre, épépinez-les et détaillez-les en dés.

• Pelez et hachez l'oignon.

• Versez les lentilles noires dans une grande casserole, ajoutez 1 litre (4 tasses) d'eau, les dés de tomate et l'oignon. Portez à ébullition et baissez le feu au minimum. Couvrez et laissez cuire environ 45 minutes. Ne remuez pas, mais enfoncez de temps en temps une cuillère en bois jusqu'au fond de la casserole, pour vous assurer que le dhal n'accroche pas.

• Environ 10 minutes avant la fin de la cuisson du dhal, pelez et hachez les gousses d'ail. Pelez le gingembre et râpez-le finement. Faites fondre le ghee dans une petite casserole, ajoutez le gingembre et l'ail et faites suer 3 minutes en remuant. Ajoutez les graines de fenouil et de cumin, ainsi que le curcuma et le piment oiseau finement émincé.

• Laissez chauffer 2 minutes, puis versez dans le dhal et mélangez délicatement. Salez et poivrez. Laissez cuire encore 3 minutes.

• Parsemez de coriandre ciselée juste avant de servir.

L'agneau (ou le mouton) de ma région est de très bonne qualité, très goûteux, quoique pas suffisamment tendre au goût de mes petits-enfants… On le fait souvent mariner pour attendrir sa chair et l'imprégner des saveurs typiques du nord de l'Inde.

Curry d'agneau au safran

rogan josh

Préparation : 20 minutes   Marinade : 6 heures   Cuisson : 50 minutes   Pour 4 personnes

720 g (1 ½ lb) d'épaule d'agneau
3 oignons
5 gousses d'ail
1 morceau de gingembre de 8 cm
(3 ¼ po) environ
le jus de 1 citron vert
2 piments oiseaux
2 yogourts brassés
2 c. à soupe de ghee (beurre clarifié)
2 c. à soupe de graines de cumin
ou 1 ½ c. à café (1 ½ c. à thé)
de cumin moulu
1 c. à soupe de graines de pavot
40 g (⅓ tasse) d'amandes émondées
2 c. à café (2 c. à thé) de garam
masala
6 filaments de safran
4 gousses de cardamome
2 feuilles de laurier
2 clous de girofle
sel, poivre

• Ouvrez les gousses de cardamome, récupérez leurs graines noires. Chauffez une poêle sur feu vif, faites-y roussir pendant 20 secondes les graines de cumin et de cardamome, puis réservez-les. Épépinez et émincez les piments.

• Pelez et hachez les gousses d'ail ; pelez le gingembre et coupez-le en dés. Mettez ail et gingembre dans un mortier, ajoutez les piments, les clous de girofle et les graines torréfiées, écrasez le tout au pilon (vous pouvez aussi utiliser un mixeur). Ajoutez 1 c. à café (1 c. à thé) de garam masala et délayez avec le jus de citron vert.

• Détaillez la viande d'agneau en cubes, mettez-les dans une jatte. Nappez de la préparation précédente, mélangez bien pour enrober les morceaux de toutes parts et laissez mariner au moins 6 heures, en remuant de temps en temps.

• Pelez et hachez les oignons. Chauffez le ghee dans une sauteuse et faites-y rissoler les cubes de viande pendant 5 minutes, en remuant régulièrement. Ajoutez les oignons hachés, laissez suer 8 minutes environ, puis mouillez avec 410 ml (1 ⅓ tasse) d'eau. Ajoutez le laurier, baissez le feu au minimum et couvrez partiellement. Laissez cuire 30 minutes environ.

• Pendant ce temps, faites infuser le safran dans 3 c. à soupe d'eau tiède.

• Découvrez la sauteuse et laissez cuire à découvert encore quelques minutes s'il reste beaucoup de liquide de cuisson. Ajoutez le yogourt et le safran, salez et poivrez. Ajoutez les amandes et les graines de pavot, mélangez et laissez cuire à feu très doux encore 10 minutes.

• Saupoudrez le reste de garam masala avant de servir.

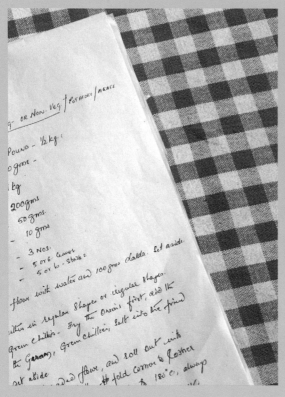

Urban et Amanda adorent ces brochettes acidulées, relevées sans être piquantes. Ils les arrosent eux-mêmes de marinade pendant la cuisson, en les retournant régulièrement pour ne pas les laisser brûler.

Brochettes de poulet

murgh tikka

Préparation : 15 minutes Marinade : 2 heures Cuisson : 8 minutes Pour 4 personnes

480 g (1 lb) de blancs de poulet
5 gousses d'ail
1 morceau de gingembre de 6 cm
(2 ¼ po) environ
1 citron vert non traité
2 c. à soupe de yogourt brassé
3 brins de coriandre ciselée
2 c. à café (1 c. à thé) de garam masala
sel, poivre

• Pelez et hachez les gousses d'ail, pelez le gingembre et coupez-le en dés. Mettez ail et gingembre dans un mortier, écrasez-les au pilon (vous pouvez aussi utiliser un mixeur).

• Ciselez finement la coriandre et incorporez-la à la préparation précédente, ainsi que le garam masala ; salez et poivrez généreusement. Râpez le zeste du citron vert, puis pressez le fruit pour recueillir son jus. Incorporez zeste et jus à la préparation, ainsi que le yogourt.

• Détaillez les blancs de poulet en cubes de 4 cm (1 ½ po) de côté environ. Disposez-les dans un plat creux, nappez-les de la préparation précédente et mélangez pour les en enrober de tous côtés. Laissez mariner 2 heures.

• Enfilez les cubes de poulet sur des brochettes en métal (si vous utilisez des brochettes en bois, faites-les tremper au préalable 30 minutes dans de l'eau froide, pour leur éviter de brûler) et faites-les cuire au barbecue, 8 minutes environ, en les retournant au bout de 4 minutes et en les enduisant de marinade une ou deux fois pendant la cuisson.

Préparation : 25 minutes

Cuisson : 40 minutes

Pour 4 personnes

650 g (1 ½ lb) de viande de porc
(échine ou filet)

1 kg (2,2 lb) de pommes de terre
à chair ferme

5 tomates

2 oignons nouveaux

4 gousses d'ail

1 morceau de gingembre de 5 cm
(2 po) environ

2 c. à soupe de ghee (beurre clarifié)

2 c. à café (2 c. à thé) de graines
de cumin ou 1 c. à café (1 c. à thé)
de cumin moulu

2 c. à café (2 c. à thé) de graines
de coriandre ou 1 c. à café (1 c. à thé)
de coriandre moulue

1 pincée de curcuma

1 c. à café (1 c. à thé) de garam masala

2 feuilles de laurier

sel, poivre

Ragoût de porc aux pommes de terre

aloo gosht

On trouve beaucoup de tomates dans ma région, et nombreuses sont les recettes, comme celle-ci, qui les associent à de la viande et à des tubercules, dans des plats qui mijotent longuement sur le coin du feu.

▶ Portez à ébullition une casserole d'eau et ébouillantez-y les tomates pendant 20 secondes. Ressortez-les avec une écumoire, rafraîchissez-les sous l'eau courante, puis pelez-les. Coupez-les en quatre, épépinez-les et détaillez-les en dés.

● Pelez les pommes de terre, puis coupez-les en gros cubes. Pelez et hachez les gousses d'ail. Émincez les oignons nouveaux (bulbes et tiges). Pelez le gingembre, puis râpez-le finement. Coupez la viande de porc en cubes, salez-les et poivrez-les.

● Faites chauffer un faitout, ajoutez les graines de coriandre et de cumin, laissez-les roussir 20 secondes pour exhaler leurs saveurs. Ajoutez le ghee et la viande, faites-la dorer de tous côtés.

● Ajoutez l'ail, les oignons nouveaux et le gingembre, faites suer 3 minutes.

● Ajoutez les dés de tomate, le curcuma, les feuilles de laurier, salez et poivrez. Déposez les cubes de pommes de terre, mélangez, puis ajoutez 625 ml (2 ½ tasses) d'eau. Baissez le feu au minimum et couvrez. Cuire 30 minutes.

● Ôtez le couvercle pour faire réduire la sauce et poursuivez la cuisson pendant 10 minutes. Saupoudrez de garam masala avant de servir.

Aujourd'hui, tout le monde achète ses nans tous prêts, mais il m'arrive souvent de les faire moi-même, juste pour le plaisir de mettre la main à la pâte... Quoi qu'on en dise, ils sont toujours meilleurs !

Nans au fromage

cheese naan

Préparation : 20 minutes Repos de la pâte : 1 h 50 Cuisson : 25 minutes Pour 4 personnes

250 g (1 ⅔ tasse) de farine
1 c. à soupe de lait tiède
70 g (½ tasse) de cheddar
2 c. à café (1 c. à thé) de levure de boulanger
1 c. à soupe de beurre fondu
1 cuil. à soupe d'huile de tournesol
1 yogourt au lait entier
2 brins de coriandre fraîche
1 bonne pincée de sel

● Émiettez la levure dans un bol, ajoutez le lait et laissez reposer 20 minutes.

● Tamisez la farine dans une jatte, ajoutez le sel, le beurre fondu, le yaourt, l'huile et le verre de lait contenant la levure. Malaxez le tout pour obtenir une boule homogène, puis pétrissez environ 5 minutes. Couvrez d'un torchon et laissez reposer à température ambiante environ 1 heure (la pâte doit doubler de volume).

● Divisez la pâte en 8 portions égales, ramassez-les en boules et laissez-les reposer encore 30 minutes.

● Préchauffez le four à 200 °C (400 °F). Disposez une grille tout en bas du four et posez dessus un plat rempli d'eau.

● Étalez au rouleau les portions de pâte pour obtenir 8 disques. Répartissez les lamelles de cheddar sur quatre d'entre eux. Effeuillez et ciselez la coriandre par-dessus.

● Recouvrez avec les quatre autres disques de pâte, appuyez sur les bords pour faire adhérer. Déposez-en deux sur une plaque et enfournez en haut du four, pour 6 à 7 minutes. Retournez et enfournez à nouveau pour 4 à 5 minutes.

● Réservez les nans cuits au chaud sous une feuille d'aluminium et faites cuire les deux autres de la même manière.

Curry sec aux petits pois

kheema matar

Ce plat aux saveurs relevées est traditionnelle-ment servi en hiver dans ma région, car c'est en cette saison que l'on trouve les petits pois frais. Mais avec des petits pois surgelés on peut faire ce plat toute l'année !

- Épluchez les carottes, puis taillez-les en brunoise (petits dés de 5 mm (¼ po) de côté environ).

- Pelez les oignons et les gousses d'ail, coupez-les en quatre et mettez-les dans le bol du mixeur. Pelez le gingembre, coupez-le en morceaux et ajoutez-le, ainsi que la tomate coupée en quartiers. Mixez pour obtenir un coulis épais et homogène.

- Faites chauffer le ghee dans une sauteuse, ajoutez les graines de cumin et de coriandre, laissez-les roussir 20 secondes. Ajoutez le coulis à la tomate et faites suer 5 minutes sur feu moyen, en remuant de temps en temps.

- Quand la préparation est presque sèche, ajoutez la viande et faites rissoler 5 mi-nutes, en remuant fréquemment. Salez et poivrez, ajoutez la brunoise de carotte, les piments épépinés et émincés, le laurier et le curcuma. Mélangez sur le feu, puis ajoutez le lait et 125 ml (½ tasse) d'eau. Baissez le feu au minimum et laissez cuire à découvert, en remuant de temps en temps, environ 20 minutes : presque tout le liquide doit être évaporé.

- Ajoutez les petits pois et prolongez la cuisson 5 minutes.

- Saupoudrez de garam masala et parsemez de coriandre ciselée avant de servir.

Préparation : 20 minutes

Cuisson : 30 minutes

Pour 4 personnes

420 g (14 oz) de viande d'agneau (ou de bœuf) hachée
210 g (1 ½ tasse) de petits pois surgelés
3 carottes
1 tomate
3 oignons
3 gousses d'ail
1 morceau de gingembre de 8 cm (3 po) environ
2 piments oiseaux
2 c. à soupe de ghee (beurre clarifié)
175 ml (¾ tasse) de lait entier
1 c. à café (1 c. à thé) de graines de cumin ou ½ c. à café (½ c. à thé) de cumin moulu
1 c. à café (1 c. à thé) de graines de coriandre ou ½ c. à café (½ c. à thé) de coriandre moulue
1 feuille de laurier
1 c. à café (1 c. à thé) de curcuma
1 c. à café (1 c. à thé) de garam masala
2 brins de coriandre fraîche
sel, poivre

Dhansak

dhansak

Ce dhal des grandes occasions est très riche en saveurs et en parfums. Il contient plusieurs variétés de légumes secs courantes en Inde, mais je suis sûre qu'on peut l'adapter aux légumes secs de chaque pays. En France, par exemple, il doit être délicieux avec des haricots cocos !

Préparation : 25 minutes

Trempage : 12 heures

Cuisson : 1 h 40

Pour 8 personnes

800 g (1 ¾ lb) de viande de chèvre ou d'agneau (épaule)

250 g (1 ⅓ tasse) de lentilles en mélange (idéalement : lentilles jaunes, rouges et noires)

120 g (⅔ tasse) de pois chiches

2 aubergines

3 courgettes

3 tomates

250 g (5 tasses) d'épinards

3 oignons

5 gousses d'ail

le jus de 1 citron vert

1 morceau de gingembre de 5 cm (2 po) environ

2 piments oiseaux

2 c. à soupe de ghee (beurre clarifié)

1 c. à café (1 c. à thé) de graines de coriandre ou ½ c. à café (½ c. à thé) de coriandre moulue

5 gousses de cardamome

1 c. à café (1 c. à thé) de curcuma

2 feuilles de laurier

2 clous de girofle

2 brins de coriandre fraîche

sel, poivre

• Mettez les pois chiches dans 2 litres (8 tasses) d'eau et laissez tremper 10 heures. Ajoutez les lentilles et laissez tremper 2 heures de plus.

• Portez à ébullition une casserole d'eau et ébouillantez-y les tomates pendant 20 secondes. Ressortez-les avec une écumoire, rafraîchissez-les sous l'eau courante, puis pelez-les. Coupez-les en quatre, épépinez-les et détaillez-les en dés.

• Épépinez les piments, puis émincez-les. Pelez et hachez les oignons et les gousses d'ail. Pelez le gingembre et râpez-le finement. Détaillez la viande en cubes, salez-la et poivrez-la.

• Faites bouillir une casserole d'eau salée, plongez-y les épinards pendant 2 minutes, puis égouttez-les et rafraîchissez-les sous l'eau courante. Pressez-les entre vos mains pour en exprimer toute l'eau, puis émincez-les en lanières.

• Chauffez le ghee dans un faitout, ajoutez les morceaux de viande et faites-les revenir 5 minutes, pour les dorer de tous côtés.

• Ajoutez les graines de coriandre, mélangez sur le feu 20 secondes, puis ajoutez l'oignon, l'ail, les lanières d'épinards, les tomates, le gingembre et le piment. Faites suer 4 minutes en remuant de temps en temps.

• Égouttez les légumes secs et ajoutez-les. Mouillez avec 1 litre (4 tasses) d'eau. Ajoutez le laurier, les clous de girofle, le curcuma, les gousses de cardamome et le jus de citron. Faites cuire à couvert et à feu doux pendant 1 heure.

• Pelez les aubergines, puis coupez leur chair en cubes. Sans les peler, taillez les courgettes en dés. Ajoutez courgettes et aubergines dans le faitout, salez, poivrez et laissez cuire encore 30 minutes.

• Découvrez en fin de cuisson si le bouillon est trop liquide. Parsemez de coriandre ciselée avant de servir.

Il y a, dans mon village, encore quelques familles qui possèdent un véritable tandoor, le four traditionnel, en terre cuite, enfoui dans le sol. Moi, j'utilise un four à gaz, mais mon poulet tandoori est quand même délicieux, croyez-le bien !

Poulet tandoori

murgh tandoor

Préparation : 20 minutes   Marinade : 6 heures   Cuisson : 45 minutes   Pour 4 personnes

4 cuisses de poulet fermier
5 gousses d'ail
1 morceau de gingembre de 8 cm (3 po) environ
1 c. à soupe de ghee (beurre clarifié)
210 g (7 oz) de fromage blanc en faisselle
1 c. à soupe de jus de citron vert
1 c. à soupe d'huile de tournesol
1 c. à café (1 c. à thé) de graines de cumin ou ½ c. à café (½ c. à thé) de cumin moulu
1 c. à café (1 c. à thé) de graines de coriandre ou ½ c. à café (½ c. à thé) de coriandre moulue
1 c. à café (1 c. à thé) de graines de moutarde ou 2 c. à café (2 c. à thé) de moutarde à l'ancienne
1 pincée de paprika
1 pincée de curcuma
1 c. à soupe de garam masala
sel, poivre

• Ôtez la peau des cuisses de poulet, puis incisez en profondeur, en plusieurs endroits, avec un couteau pointu.

• Faites roussir à sec les graines de cumin, de coriandre et de moutarde dans une poêle antiadhésive, pendant 20 secondes.

• Pelez et hachez les gousses d'ail, pelez le gingembre et coupez-le en dés. Mettez ail et gingembre dans un mortier, ajoutez les graines de cumin, de coriandre et de moutarde, écrasez le tout au pilon (vous pouvez aussi utiliser un mixeur).

• Versez la préparation dans une jatte, ajoutez le jus de citron vert, le fromage blanc, le ghee, le paprika, le garam masala et le curcuma ; salez et poivrez. Mélangez bien, puis déposez les cuisses de poulet dans cette préparation et laissez-les mariner pendant au moins 6 heures, en les retournant plusieurs fois.

• Préchauffez le four à 210 °C (415 °F). Huilez soigneusement une plaque de four et déposez-y les cuisses de poulet. Nappez-les de marinade et enfournez pour 45 minutes environ. Pendant la cuisson, nappez plusieurs fois les cuisses de marinade, afin de les enrober d'une couche parfumée qui va durcir.

À Bhopal, l'agneau est la viande reine, mais on peut réaliser cette recette avec de la viande de bœuf hachée, en la relevant d'un peu de sauce Worcestershire et de davantage de garam masala.

Koftas à la coriandre

dhanya kofta

Préparation : 15 minutes   Cuisson : 15 minutes   Pour 4 personnes

450 g (1 lb) de viande d'agneau hachée (épaule)
1 oignon
4 gousses d'ail
1 morceau de gingembre de 6 cm (2 ¼ po) environ
1 piment oiseau
1 œuf
60 g (2 oz) de fromage blanc en faisselle
4 c. à soupe de ghee ou d'huile de tournesol
1 c. à café (1 c. à thé) de graines de cumin ou ½ c. à café (½ c. à thé) de cumin moulu
1 ½ c. à soupe de graines de coriandre ou 1 c. à café (1 c. à thé) de coriandre moulue
1 pincée de curcuma
1 c. à café (1 c. à thé) de garam masala
1 bouquet de coriandre fraîche
1 brin de menthe fraîche
sel, poivre

• Faites hacher la viande d'agneau par votre boucher. À défaut, coupez-la en morceaux, puis hachez-la quelques secondes au mixeur.

• Pelez et hachez l'oignon et les gousses d'ail, pelez le gingembre et râpez-le. Épépinez le piment, puis émincez-le finement. Ciselez finement la coriandre et la menthe fraîches.

• Faites chauffer une poêle sur feu moyen, ajoutez les graines de cumin et de coriandre et laissez-les roussir 20 secondes pour exhaler leurs saveurs. Mettez-les dans une jatte. Ajoutez l'agneau haché, l'oignon, l'ail, le gingembre, le piment, la coriandre et la menthe, le fromage blanc, le curcuma, le garam masala et l'œuf; salez et poivrez. Mélangez intimement avec les mains.

• Entre vos paumes de mains, façonnez des boulettes de la taille d'une grosse noix. Déposez-les au fur et à mesure sur une assiette.

• Chauffez le ghee ou l'huile dans une sauteuse, puis déposez-y une douzaine de koftas. Faites-les cuire 4 à 5 minutes à feu moyen, en remuant délicatement. Épongez-les sur du papier absorbant et faites cuire les autres koftas. Servez immédiatement.

De tous les lassis, celui à la rose est mon préféré, pour son petit parfum suave. Je lui ajoute volontiers une petite pincée de sel, qui contraste délicieusement avec les saveurs sucrées de la mangue.

Lassi à la rose

gulâb lassi

Préparation : 6 minutes   Pour 4 personnes

500 g (2 tasses) de yaourt brassé
175 ml (¾ tasse) de lait froid
1 petite mangue pas trop mûre
2 c. à café (2 c. à thé) de graines de cumin (facultatif)
2 c. à soupe d'eau de rose

● Pelez la mangue et détaillez sa chair en dés. Mettez-les dans le bol d'un mixeur avec le lait et le yogourt. Mixez au moins 2 minutes pour obtenir un mélange homogène et crémeux.

● Incorporez l'eau de rose et mixez encore 15 secondes.

● Faites chauffer une poêle sur feu moyen et faites-y griller à sec les graines de cumin pendant une vingtaine de secondes, pour exhaler leur parfum. Réservez-en un tiers et versez les autres dans le bol du mixeur. Mixez cinq secondes pour bien mélanger.

● Répartissez le lassi dans quatre grands verres bien froids et parsemez des graines de cumin réservées. Servez immédiatement.

Edward
Le grand-père

Si j'étais… une couleur,

je serais toutes les couleurs des lentilles.
Sans les lentilles, pas de *dhal*, et pas de cuisine indienne !

Si j'étais… une odeur,

je serais celle du *tchaï* que l'on précipite de la théière jusque dans la tasse,
qui sent le gingembre et la cardamome.

Si j'étais… une saveur,

je serais l'amertume des amandes, qu'on cultive autour de Bhopal.
À marier avec tant de parfums...

Si j'étais… un ustensile,

je serais la feuille de bananier ! C'est une papillote naturelle au parfum inimitable.

Si j'étais… un souvenir gourmand,

je serais dans le village de mon enfance, où nous fêtions toujours la fin du ramadan
avec les musulmans. J'ai le souvenir d'immenses festins, bien réconfortants...

Si j'étais… un péché mignon,

je serais mes petits sablés au cumin !
Goûtez-les, vous m'en direz des nouvelles !

Agneau et riz basmati, voilà bien le plat emblématique du nord de l'Inde... Certains le cuisent à l'étouffée, mais je tiens cela pour inutile. En revanche, nous ne sommes pas beaucoup à y ajouter des fruits secs en fin de cuisson, et pour moi ça fait toute la différence...

Agneau biryani

josh biryani

Préparation : 25 minutes   Cuisson : 40 minutes   Pour 6 personnes

900 g (2 lb) de viande d'agneau
(épaule ou gigot)
585 g (3 tasses) de riz basmati
5 oignons
6 gousses d'ail
3 piments oiseaux
1 citron vert
1 morceau de gingembre
de 6 cm (2 ¼ po) environ
4 c. à soupe de ghee (beurre clarifié)
1 c. à soupe de graines de coriandre
ou ½ c. à café (½ c. à thé) de
coriandre moulue
50 g (½ tasse) de noix de cajou
50 g (½ tasse) d'amandes
50 g (⅓ tasse) de raisins secs
8 filaments de safran
1 c. à café (1 c. à thé) de curcuma
2 feuilles de laurier
2 brins de menthe fraîche
sel, poivre

• Faites infuser les filaments de safran dans une tasse d'eau tiède. Pelez et émincez les oignons. Pelez et hachez les gousses d'ail, pelez le gingembre et coupez-le en dés. Mettez ail et gingembre dans un mortier, écrasez-les au pilon (vous pouvez aussi utiliser un mixeur).

• Détaillez la viande d'agneau en cubes, salez-les et poivrez-les. Chauffez le ghee dans un faitout, ajoutez les cubes d'agneau et faites-les revenir de tous côtés. Récupérez-les avec une écumoire et réservez-les.

• Dans le même faitout, faites roussir les graines de coriandre pendant 30 secondes, en remuant, pour exhaler leurs saveurs. Ajoutez la pâte d'ail et de gingembre, mélangez sur le feu. Laissez suer 1 minute, puis ajoutez les oignons émincés. Faites rissoler le tout 5 minutes en remuant.

• Rincez le riz à l'eau courante dans une passoire, puis égouttez-le. Ajoutez-le dans le faitout et mélangez 1 minute sur le feu. Pressez le citron vert et ajoutez son jus, puis couvrez de 2 litres (8 tasses) d'eau. Ajoutez le piment épépiné et émincé, le curcuma, les feuilles de laurier, l'infusion de safran, salez et poivrez. Remettez les cubes de viande et mélangez. Couvrez partiellement et laissez cuire à feu doux pendant 25 minutes. Vous pouvez mélanger délicatement de temps en temps.

• Pendant ce temps, faites gonfler les raisins secs dans un bol d'eau tiède. Faites revenir ensemble à sec, dans une poêle antiadhésive, les noix de cajou et les amandes, pendant 30 secondes.

• Versez dans un plat quand il n'y a plus de liquide, répartissez les raisins égouttés, le mélange d'amandes et de noix de cajou, et parsemez de menthe ciselée.

Catalogage avant publication de
Bibliothèque et Archives Canada

Acharya, Vijay

   La cuisine indienne

   (Cuisine des 7 familles)

1. Cuisine de l'Inde.   I. Titre.   II. Collection.

TX724.5.I4A33 2007   641.5954   c2007-940040-X

Pour en savoir davantage sur nos publications,
visitez notre site : **www.edhomme.com**
Autres sites à visiter : www.edjour.com
www.edtypo.com • www.edvlb.com
www.edhexagone.com • www.edutilis.com

DISTRIBUTEURS EXCLUSIFS :

• Pour le Canada et les États-Unis :
  MESSAGERIES ADP*
  2315, rue de la Province
  Longueuil, Québec J4G 1G4
  Tél. : (450) 640-1237
  Télécopieur : (450) 674-6237
  * une division du Groupe Sogides inc.,
     filiale du Groupe Livre Quebecor Média inc.

• Pour la France et les autres pays :
  INTERFORUM editis
   Immeuble Paryseine, 3, Allée de la Seine
  94854 Ivry CEDEX
  Tél. : 33 (0) 4 49 59 11 56/91
  Télécopieur : 33 (0) 1 49 59 11 33
  Service commande France Métropolitaine
  Tél. : 33 (0) 2 38 32 71 00
  Télécopieur : 33 (0) 2 38 32 71 28
  Internet : www.interforum.fr
  Service commandes Export – DOM-TOM
  Télécopieur : 33 (0) 2 38 32 78 86
  Internet : www.interforum.fr
  Courriel : cdes-export@interforum.fr

• Pour la Suisse :
  INTERFORUM editis SUISSE
  Case postale 69 – CH 1701 Fribourg – Suisse
  Tél. : 41 (0) 26 460 80 60
  Télécopieur : 41 (0) 26 460 80 68
  Internet : www.interforumsuisse.ch
  Courriel : office@interforumsuisse.ch
  Distributeur : OLF S.A.
  ZI. 3, Corminboeuf
  Case postale 1061 – CH 1701 Fribourg – Suisse
  Commandes :   Tél. : 41 (0) 26 467 53 33
                     Télécopieur : 41 (0) 26 467 54 66
                     Internet : www.olf.ch
                     Courriel : information@olf.ch

• Pour la Belgique et le Luxembourg :
  INTERFORUM editis BENELUX S.A.
  Boulevard de l'Europe 117, B-1301 Wavre – Belgique
  Tél. : 32 (0) 10 42 03 20
  Télécopieur : 32 (0) 10 41 20 24
  Internet : www.interforum.be
  Courriel : info@interforum.be

01-07

© 2007, Éditions SOLAR, un département de place des éditeurs

Pour le Canada :
© 2007, Les Éditions de l'Homme,
une division du Groupe Sogides inc.,
filiale du Groupe Livre Quebecor Média inc.
(Montréal, Québec)

Tous droits réservés

Dépôt légal : Janvier 2007
Imprimé en Espagne par Gráficas Estella
Bibliothèque et Archives nationales du Québec

ISBN 978-2-7619-2392-7

Gouvernement du Québec – Programme de crédit
d'impôt pour l'édition de livres – Gestion SODEC –
www.sodec.gouv.qc.ca

L'Éditeur bénéficie du soutien de la Société de
développement des entreprises culturelles du Québec
pour son programme d'édition.

 Le Conseil des Arts du Canada
The Canada Council for the Arts

Nous remercions le Conseil des Arts du Canada de
l'aide accordée à notre programme de publication.

Nous reconnaissons l'aide financière du gouvernement
du Canada par l'entremise du Programme d'aide au
développement de l'industrie de l'édition (PADIÉ) pour
nos activités d'édition.

6 recettes
de la famille
pour
les donner
à vos amis
ou aller faire
vos courses.

Découpez suivant les pointillés

Lassi à la menthe

Maevis, la mère

Curry de gambas

Trevor, le père

Dhal citronnelle

Amanda, la fille

Allumettes de poulet pimentées

Urban, le fils

Raita de concombre

Rosilina, la grand-mère

Riz à la cardamome

Edward, le grand-père

Curry de gambas

Pour 4 personnes. Préparation : 20 min. Cuisson : 10 min.

600 g (1 ¼ lb) de gambas cuites • 2 oignons • 3 gousses d'ail • 1 morceau de gingembre de 5 cm (2 po) • 1 citron vert • 1 c. à soupe de ghee • 160 ml (⅔ tasse) de lait de coco • 5 gousses de cardamome • 2 feuilles de laurier • 1 piment oiseau • 1 pincée de curcuma • sel, poivre

• Pressez le citron vert. Ouvrez les gousses de cardamome pour récupérer leurs graines. Pelez et hachez les gousses d'ail. Pelez le gingembre et coupez-le en dés. Écrasez ail et gingembre au pilon. Épépinez et émincez le piment oiseau.
• Pelez les oignons et émincez-les en rondelles. Faites chauffer le ghee dans une sauteuse, ajoutez les oignons et faites-les sauter à feu assez vif, en les laissant légèrement colorer.
• Ajoutez la pâte d'ail et de gingembre, mélangez 30 secondes sur le feu, ajoutez le curcuma, le laurier, le piment et les graines de cardamome. Arrosez de jus de citron vert et mélangez. Incorporez le lait de coco et rectifiez l'assaisonnement.
• Décortiquez les gambas, puis ajoutez-les dans la sauteuse. Mélangez bien, laissez cuire à feu doux 5 minutes et servez.

La cuisine indienne

Lassi à la menthe

Pour 4 personnes. Préparation : 5 min.

4 yogourts brassés • 1 bouquet de menthe fraîche • 250 ml (1 tasse) de lait froid • 4 c. à soupe de sucre en poudre • 8 glaçons • 1 pincée de sel

• Versez dans le bol d'un mixeur les yogourts, le lait, le sucre, le sel et les glaçons. Mixez quelques secondes, pour broyer en partie les glaçons.
• Effeuillez la menthe. Ajoutez dans le bol du mixeur et mixez à nouveau, au moins 30 secondes.
• Versez le lassi dans des verres hauts et servez immédiatement. (Si vous ne le servez pas immédiatement, laissez le lassi dans le bol du mixeur et entreposez au réfrigérateur. Mixez à nouveau, pendant 15 secondes, au moment de servir.)

La cuisine indienne

Allumettes de poulet pimentées

Pour 4 personnes. Préparation : 15 min. Cuisson : 10 min.

360 g (12 oz) de blancs de poulet • 4 gousses d'ail • 1 morceau de gingembre de 5 cm (2 po) • 1 citron vert non traité • 2 piments oiseaux • 3 c. à soupe de ghee • 2 c. à soupe de chapelure • 1 c. à café (1 c. à thé) de graines de cumin • 2 c. à soupe de garam masala • chutney de coco ou de mangue • sel, poivre

• Pelez et hachez les gousses d'ail ; pelez le gingembre et râpez-le. Râpez le zeste du citron vert, puis pressez-le fruit pour recueillir son jus. Épépinez et émincez les piments. Détaillez les blancs de poulet en fines lanières.
• Mélangez dans un plat creux le zeste et le jus de citron vert, l'ail haché, le gingembre râpé, les piments émincés, les graines de moutarde et le garam masala. Salez et poivrez, ajoutez les lanières de poulet et mélangez. Laissez macérer 3 heures.
• Versez la chapelure dans un plat. Trempez-y les lanières de poulet. Chauffez le ghee dans une poêle et faites-y frire en deux fois le poulet 5 minutes, en le retournant à mi-cuisson.
• Servez avec le chutney de coco ou de mangue.

La cuisine indienne

Dhal citronnelle

Pour 4 personnes. Préparation : 15 min. Cuisson : 25 min.

400 g (2 tasses) de lentilles corail • 2 gousses d'ail • 1 morceau de gingembre de 4 cm (1 ½ po) • 1 c. à soupe de ghee (ou de beurre fondu) • 1 c. à café (1 c. à thé) de graines de cumin • 1 bâton de citronnelle • le zeste de 1 citron vert non traité • sel, poivre

• Pelez et hachez les gousses d'ail. Pelez le gingembre et coupez-le en morceaux. Coupez la citronnelle en morceaux. Mettez ail, citronnelle et gingembre dans un mortier et pilez-les.
• Faites chauffer le ghee dans une grande casserole, ajoutez les graines de cumin et laissez chauffer 20 secondes. Ajoutez la pâte d'ail au gingembre et à la citronnelle, mélangez sur le feu et laissez suer 2 minutes.
• Ajoutez les lentilles, couvrez de 1,2 litre (5 tasses) d'eau chaude. Portez à ébullition en remuant de temps en temps. Au premier bouillon, écumez la mousse de surface avant de baisser le feu au minimum. Couvrez et laissez cuire 20 minutes.
• En fin de cuisson, incorporez le zeste de citron vert en mélangeant délicatement. Rectifiez l'assaisonnement.

La cuisine indienne

Riz à la cardamome

Pour 4 personnes. Préparation : 10 min. Cuisson : 1 h 30

150 g (¾ tasse) de riz basmati • 150 g (¾ tasse) de sucre en poudre • 2 litres (8 tasses) de lait • 50 g (⅓ tasse) d'amandes effilées • 16 gousses de cardamome • 1 étoile de badiane (anis étoilé)

• Écrasez les gousses de cardamome, récupérez leurs graines noires, puis mettez-les dans un mortier. Pilez-les finement.
• Versez le riz dans une passoire, rincez-le sous l'eau courante. Versez le lait dans une grande casserole, ajoutez le sucre en poudre, remuez pour dissoudre. Portez à petits frémissements. Versez le riz en pluie et mélangez immédiatement.
• Ajoutez la cardamome et la badiane, baissez le feu au minimum et couvrez. Laissez mijoter environ 1 h 30. Mélangez de temps en temps, avec une cuillère en bois, pour éviter que le fond n'attache et que la surface ne forme une peau.
• Faites revenir à sec les amandes effilées dans une poêle antiadhésive pendant 30 secondes.
• Versez le riz au lait dans de petites coupelles et parsemez d'amandes avant de servir.

La cuisine indienne

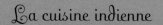

Raita de concombre

Pour 4 personnes. Préparation : 5 min.

1 gros concombre • 1 c. à soupe de jus de citron vert • 1 yogourt brassé • 1 pincée de curcuma • 1 pincée de paprika • 1 c. à café (1 c. à thé) de garam masala • 2 brins de coriandre fraîche • sel, poivre

• Pelez le concombre, puis coupez-le en deux dans la longueur. Videz-le de ses graines à l'aide d'une petite cuillère. Détaillez-le en petits dés, mettez-les dans un saladier.
• Ajoutez le yogourt, le jus de citron vert, le curcuma, le paprika et le garam masala. Salez et poivrez. Mélangez bien.
• Ciselez la coriandre et incorporez-la au dernier moment, avant de servir.

La cuisine indienne

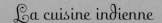